François MALLET

de l'Administration des Postes

LES AÉRONAUTES
ET LES **COLOMBOPHILES**
du Siège de Paris

D'après
des Documents
puisés
à la Bibliothèque
du
Sous-Secrétariat
d'Etat
des Postes
et
Télégraphes

PARIS

LIBRAIRIE
des Sciences aéronautiques

F. LOUIS VIVIEN

Libraire-Editeur

20, Rue Saulnier (9ᵉ)

1909

LIBRAIRIE DES SCIENCES AÉRONAUTIQUES

F. Louis VIVIEN, Libraire-Editeur, 20, rue Saulnier, aris (9e)

Nous nous chargeons de fournir tous les volumes, brochures, revues aéronautiques, extraits de revues, etc.
sur l'aérostation, l'aviation et les sciences qui s'y rattachent, aussi bien anciens que modernes.
Nous nous chargeons également de l'impression et de la vente de tous ouvrages que MM. les auteurs
voudront bien nous communiquer.

Comment l'oiseau vole et comment l'homme volera, par M.
Wilhelm Kress, ingénieur, traduit par M. Chevreau. Lieutenant d'artillerie, un vol.
grand in-8°, broché, avec 38 illustrations. 1909. 3 fr. 50
*Très bonne étude d'un travail de 30 années sur le vol plané, vol à voile, vol en
cercle, vol ramé, stabilité, sont étudiés successivement et conduisent l'ingénieur Kress
à construire en même temps qu'un aéroplane qui a toutes ses préférences un
ornithoptère et un hélicoptère puissamment conçus.*

**Aéronef dirigeable plus lourd que l'air hélice disque ou
hélice à 2 formes description, rendement énorme, influence du
vent sur la marche de l'aéronef**, par Alfred Micciollo. Brochure grand
in-8°, avec une planche hors texte. *Paris*, 1908. 1 fr. 50

Les Aéronautes et les Colombophiles du Siège de Paris, par
François Mallet. D'après des documents puisés à la Bibliothèque du Sous-Secrétariat
des Postes et Télégraphes. *Paris*, 1909. Un volume in-18, br. 3 fr. 50

Vol des Oiseaux (recherche sur le) et l'art aéronautique, par M. J.-A.
Dubochet. *Nantes*, 1854, in-8, b., fig., rare. 5 fr.
*Tout en jetant un coup d'œil en arrière sur les divers essais du vol artificiel,
l'auteur en vient à son étude personnelle ou les principes de l'aviation sont parfaitement établis, l'organisation anatomique des ailes et de leurs moteurs, leurs manœuvres de vol, théorie du vol, avec projet de l'auteur d'une machine à vapeur volante.*

Ponton d'Amécourt (Vicomte de). La Conquête de l'air par l'hélice, exposé
d'un nouveau système d'aviation. *Paris*, 1863. b., in-8. 2 fr.
*Dans cette curieuse étude du célèbre aviateur qui nous fait savoir le point de
départ pour tous ceux qui s'intéressent à la question; il explique le modèle de son
petit appareil. De la plus grande utilité pour les chercheurs du plus lourd que l'air.*

Blanchet (Georges), Pilote de l'Aéro-Club de France. Le Vade mecum de
l'aéronaute, traité pratique d'aérostation sportive exposant le métier et les tours de
main que doivent connaître les futurs navigateurs aériens. Préface de Paul Adam.
Ouvrage honoré d'une souscription du ministère des travaux publics. *Paris*, 1907.
1 vol. in-18, br. de 284 pages. Illustré. 2e édition. 3 fr. 50

Penaud *Aviation. Appareil de vol mécanique.* B., in-8 avec fig., description
de son appareil. 1874. 2 fr.

Drzewiecki (S.), ing. *Les oiseaux considérés comme des aéroplanes animés.*
In-8, b., 12 fig. et 4 tableaux.
*Étude théorique du vol horizontal des oiseaux en assimilant ceux-ci à de véri-
tables aéroplanes animés.*
Le vol plané. Essai d'une solution mécanique du problème. *Paris*, 1891. 2 brochures in-8°. 2 fr. 50
*Cette étude sur le vol plané est le complément à celle des Oiseaux considérés
comme des Aéroplanes animés et a pour but l'application des mêmes principes et de
la même méthode à la solution d'un problème, mal sinon pas expliqué jusqu'à ce
jour le problème du vol plané, un des modes les plus intéressants de la locomotion
aérienne.*

Drzewiecki (S.) ingénieur *Des hélices propulsives*, 1892. b., in-4, 9 fig et
une grande planche hors texte. 1 fr. 25

Drzewiecki (S.), ingén. *Du choix des éléments déterminant les hélices propulsives permettant leur facile comparaison entre elles*. *Paris*, 1901, b., in-4. Illustrée
de 2 tableaux et 2 figures avec schéma des indications à donner pour pouvoir dresser
le tableau de détermination des éléments d'une hélice propulsive, formules pour le
calcul des valeurs des demi largeurs d'aile, pour les hélices ordinaires et les hélices
normales. 1 fr. 25

Banet Rivet. *L'Aéronautique*, un beau vol. in-8, br. nombreuses illustrations.
Paris, 1898. 4 fr.
*Ouvrage épuisé, contenant un chapitre très utile pour les aviateurs SUR LES LOIS
DE L'AVIATION.*

Tollin (F.), ingénieur. L'Aéronautique d'après nature. Science positive nouvelle et
son application pratique avec 4 grandes planches. *Genève*, 1872. 1 vol. in-4, rare. 15 fr.
Très bonne étude personnelle de l'auteur sur le vol des insectes et des oiseaux.

Aviation. Les Secrets du coup d'ailes, essai de construction d'une machine
aérienne, 25 planches et 102 figures. *Paris*, 1903, un vol gr. in-8 de 366 pag. par
Pompeïen Piraud. 7 fr. 50

L'Aéroplane Pompeïen n° 3, appareil de locomotion aérienne, par J.-C.
Pompeïen Piraud, 5 fig. *Lyon*, 1906, b., in-8. 1 fr. 50

LES AÉRONAUTES, LES COLOMBOPHILES

du Siège de Paris

François MALLET

de l'Administration des Postes

LES AÉRONAUTES

LES COLOMBOPHILES

du Siège de Paris

PARIS

LIBRAIRIE DES SCIENCES AÉRONAUTIQUES

F. LOUIS VIVIEN

Libraire-Éditeur

20, Rue Saulnier (9ᵉ)

—

1909

AVANT-PROPOS

Les grands événements de l'Histoire, ceux qui, par les émotions qu'ils ont fait naître, par les passions qu'ils ont soulevées, par les conséquences qui en sont résultées pour la vie des peuples, sont destinés à passer à la postérité, ont cette faculté de diminuer, de réduire l'importance des faits de second ordre qui se sont accomplis à leur occasion. Ces derniers sont pour ainsi dire absorbés comme la lumière des étoiles est absorbée pendant le jour par le rayonnement du soleil.

Ceux qui résistent à l'action des temps restent comme imprégnés de la couleur de l'ensemble ; ils portent le cachet, l'empreinte de l'action principale au milieu de laquelle ils se sont déroulés.

Sans remonter bien haut, nous voyons, par exemple, la grande Révolution apparaître comme un réveil des consciences trop longtemps asservies. C'est une ère nouvelle qui se lève sur le monde, l'Humanité qui se libère de ses liens séculaires, l'Esprit qui s'évade de sa prison ; c'est le triomphe du Droit sur la Force, le Droit opprimé qui s'élance vers la Liberté.

La multitude des événements qui accompagnèrent cette émancipation grandiose, les excès de toute sorte dont elle fut la cause ou le prétexte disparaissent pour ainsi dire. A la distance où nous sommes, nous ne voyons plus que la grandeur de son but, que l'étendue de ses résultats.

Avec l'épopée napoléonienne, nous voyons nos gloires militaires portées à leur apogée. C'est la France triomphante promenant ses armées victorieuses sur toutes les contrées de l'Europe. Comme une marée qui monte irrésistible, c'est une inondation de gloire qui envahit et submerge les peuples. Les revers les plus marquants, Trafalgar, Moscou, la Bérézina, Leipzig sont comme fondus dans une apothéose et Watterloo lui-même si sombre est tout illuminé par le soleil d'Austerlitz et d'Iéna.

Plus près de nous, la guerre de 1870-1871 n'évoque par contre, dans l'esprit des masses, que des souvenirs d'humiliation et de deuil. La France pantelante courbée sous le joug du vainqueur, les vertus nationales comme paralysées. Les quelques succès partiels, Coulmiers, Bapaume ; les actes d'héroïsme pourtant si nombreux, la défense de Belfort si honorable, ne sauraient être une compensation à nos désastres et semblent supporter le poids de nos revers. Aussi l'amour-propre national profondément blessé voudrait-il effacer de notre histoire tout ce qui rappelle cette époque funeste. Il cherche à oublier ces heures d'angoisse où un ennemi s'avançait implacable, foulant sous sa lourde botte le sol sacré de la Patrie.

Cependant au milieu de ces événements malheureux, il est certains épisodes où se révèle avec plus d'éloquence peut-être encore que dans le triomphe, le génie d'une race. De même que l'individu apparaît tout entier dans la souffrance, c'est dans les épreuves que se manifestent l'âme et le caractère d'un peuple.

Ces faits de second plan qui tendent à s'effacer avec le temps comme les détails d'un paysage s'effacent avec la distance peuvent parfois présenter un intérêt de premier ordre en même temps qu'ils sont une leçon de patriotisme d'une haute moralité.

C'est un de ces faits, tout à l'honneur du nom français, que l'auteur de cet ouvrage a voulu faire revivre à l'esprit du lecteur.

Après 36 ans écoulés, bien peu de personnes se souviennent encore de ce que fut la poste pendant le siège de Paris. Cependant cet épisode de l'année terrible constitue un des événements les plus curieux de notre histoire nationale et des plus honorables dans l'histoire de la poste française.

S'il se rattache à une époque dont le souvenir est fait de tristesse, il n'a par lui-même rien d'humiliant pour notre amour-propre puisque, ainsi que le constate Gaston Tissandier, la poste du siège fut un des rares champs de bataille où nous ne fûmes pas vaincus.

Le 21 septembre, quelques jours seulement
après l'apparition des premiers éclaireurs ennemis, le service de la poste fut subitement inter-
rompu. Un haut fonctionnaire de l'Administration disait, avec une certaine stupéfaction,
qu'il ne répondrait pas qu'une souris pût
franchir les lignes prussiennes sans être vue.
Cependant, malgré le cercle étroit qui enserrait
la capitale, on parvint à organiser un service
qui fonctionna presque régulièrement pendant
toute la durée du siège.

La hardiesse et la nouveauté des moyens
employés montrent quelles ressources d'initiative et d'audace on peut trouver dans cet admirable peuple français, qui, dans les circonstances les plus critiques réussit à surmonter
des obstacles en apparence insurmontables.
Les résultats obtenus témoignent de quels
sentiments de patriotisme étaient animés ceux
qui osèrent concevoir de tels projets, de quel
courage et de quelle abnégation firent preuve
ceux qui surent les mener à bonne fin.

Au moment où le monument de l'éminent et
regretté maître Bartholdi, élevé à la porte de
Neuilly aux aéronautes et aux colombophiles
du siège de Paris, ainsi qu'aux employés des
Postes qui se dévouèrent pendant la guerre,
va, par le bronze et la pierre, perpétuer la mémoire d'humbles héros du devoir, l'auteur a
pensé qu'un ouvrage relatant cet épisode pourrait avoir un intérêt d'actualité.

Le lecteur y verra comment les ballons par-

tant de Paris et passant au-dessus de la tête
des Prussiens impuissants à arrêter leur essor,
purent emporter en province des nouvelles
de la capitale investie ; comment le Gouvernement de la Défense nationale fixé à Paris
put rester en communication avec la Délégation
installée à Tours et à Bordeaux ; comment
enfin, les pigeons emportés par ces mêmes ballons
rapportèrent sous leurs ailes frémissantes la
réponse attendue.

Il y verra aussi par quels prodiges d'habileté
et de patience on parvint à confier à un seul
de ces messagers jusqu'à 40 mille dépêches,
le texte de plusieurs gros volumes.

Mais pour d'autres raisons encore que nous
allons dire, ce livre vient à son heure, au moment où des sophistes avides de réclame cher-
chent à déconsidérer l'idée de patrie, portent
leurs théories funestes jusqu'à la caserne, jus-
que sur les bancs de l'école, et sous prétexte de
paix universelle, n'hésiteraient pas à déchaîner
la guerre sociale, plus hideuse, plus dégradante
que les conflits internationaux.

Certes, il n'est pas dans notre pensée de sus-
citer dans l'esprit de la jeunesse à qui nous
destinons plus spécialement cet ouvrage, des
sentiments de chauvinisme inconsidéré. De tous
temps la guerre a été considérée comme une
calamité publique, et plus que jamais, un con-
flit européen serait aujourd'hui une catastrophe
internationale qui aurait pour conséquence
un recul de la civilisation.

Malheureusement nous avons hérité d'une situation que l'on ne saurait modifier d'un coup de baguette magique.

Au seuil du xxe siècle, toutes les puissances militaires disposent d'un formidable outillage de destruction. Le spectre sanglant de la guerre plane constamment sur les sociétés modernes ; des nuages chargés d'orage se lèvent parfois à l'horizon et portent la dévastation, tantôt sur un point, tantôt sur un autre. Une étincelle peut embraser l'Europe, et nous serions bien coupables, si, oubliant les leçons de l'Histoire, nous nous laissions endormir par le mirage trompeur d'une sécurité incertaine qui pourrait avoir le plus tragique réveil.

A l'heure actuelle, le seul moyen d'éviter la guerre, c'est d'être fort, c'est d'être prêt à toute éventualité. Donc, tout en faisant nos efforts pour conserver la paix, ayons les yeux fixés vers la frontière, soyons la sentinelle vigilante qui veille sur le patrimoine national que nous devons garder intact ; fondons des canons, armons des navires et aussi (c'est le but que nous nous proposons), élevons par des exemples, les cœurs au niveau des événements possibles, en espérant le jour prochain où les peuples, enfin réconciliés, se tendront la main par-dessus les frontières et où le même drapeau de la paix enfermera dans ses plis l'Humanité tout entière.

François MALLET.

CHAPITRE PREMIER

Organisation de la Poste aérienne

La guerre. — L'Empire déchu. — Le Gouvernement de la Défense nationale. — M. Steenackers, directeur général des Télégraphes. — M. Rampont, directeur général des Postes. — Retour en arrière. — Les ballons aux armées de la première République. — Napoléon 1er n'aime pas les ballons. — La Poste en ballon. — Loups de mer aériens.

Il n'est pas besoin de faire ici le récit des tristes événements dont la France fut le théâtre pendant les années 1870-1871 ; ils sont encore présents à la mémoire de tous.

La guerre s'était abattue sur notre malheureux pays, traînant à sa suite son cortège habituel de misères, de souffrances, de ruine et de mort. Un gouvernement imprévoyant avait lancé la France contre un ennemi plus fort et mieux organisé, de sorte que nos armées, malgré leur vaillance, durent partout reculer. Chacun sait comment l'Empire sombra dans la tourmente et comment, après la capitulation de Sedan, la République fut proclamée le 4 septembre 1870.

Après la déchéance de Napoléon III, le Gouvernement de la Défense nationale que présidait le général Trochu s'était établi à l'Hôtel-de-Ville et M. Steenackers, député de la Haute-Marne, avait été nommé directeur général des Télégraphes.

Le premier acte du nouveau directeur général fut d'établir des fils souterrains reliant entr'eux les forts et les bastions de l'enceinte de Paris. Chacun de ces ouvrages fut également mis en communication télégraphique avec l'Administration centrale et avec le chef du Gouvernement qui était ainsi tenu, d'une façon permanente, au courant de tout ce qui se passait, et pouvait donner les ordres que comportaient les circonstances. Enfin les postes de sapeurs-pompiers furent reliés par des fils placés dans les égoûts.

Ces importants travaux, grâce au dévouement et au patriotisme du personnel, furent exécutés avec une extrême rapidité, et quelques jours seulement suffirent pour les mener à bonne fin.

L'opinion générale était que, par suite de son immense enceinte, Paris ne saurait être bloqué complètement par l'ennemi ; mais comme il fallait néanmoins tout prévoir, l'Administration fit venir d'Angleterre un câble qui fut immergé dans le lit de la Seine entre Paris et Rouen, dans le but de permettre de communiquer avec la province au cas d'un investissement complet.

On était alors au 10 septembre. Le Gouvernement de la Défense nationale avait décidé d'envoyer une délégation en province. Celle-ci, composée de MM. Crémieux, Glais-Bizoin et amiral Fourichon, quitta Paris le 13 septembre et alla se fixer à Tours. M. Steenackers l'y accompagna, ayant pour mission d'organiser dans les départements les communications télégraphiques. Il délégua pour diriger à sa place le service dans l'intérieur de Paris, M. Mercadier, inspecteur des lignes télégraphiques.

Cependant l'ennemi avec cette rapidité qui caractérisait ses mouvements, envahissait progressivement le territoire. Le 15 septembre, la présence des uhlans fut signalée autour de Paris, et quelques jours après les voitures de la Poste qui, jusqu'alors avaient pu faire régulièrement leur service, durent rétrograder avec leurs dépêches. Paris était bloqué, la capitale du monde civilisé était enfermée dans une ceinture inextricable de fer et de feu....

Pendant plus de quatre mois d'un siège terrible, la population de l'héroïque cité eut à supporter toutes sortes de privations ; mais si elle accepta stoïquement les souffrances matérielles, son isolement à peu près complet du reste de la France, l'absence de toute nouvelle de ce qui se passait au dehors lui eussent été des tortures intolérables.

Après la journée du 4 septembre, M. Vandal, directeur général des Postes avait donné sa démission. Toutefois, sur la demande du Gouvernement il garda la direction du service jusqu'au 10 septembre et fut alors remplacé par M. Rampont-Léchin, député de l'Yonne.

La tâche qui incombait à M. Rampont était, par suite de l'investissement de la capitale, délicate et compliquée. Le nombre des lettres à distribuer dans l'intérieur de Paris étant de beaucoup inférieur à ce qu'il est en temps ordinaire, par le fait que les correspondances n'arrivaient plus du dehors, le service put être facilement assuré par les moyens habituels ; mais il fallait surtout se préoccuper de mettre en communication le Gouvernement de la Défense avec la Délégation de Tours et d'étendre, si possible, cette faculté au peuple parisien avec la province. Le câble de la Seine, sur lequel on avait compté ne put être longtemps utilisé, car dès le 24 septembre, les Prussiens draguaient le fleuve et le câble était coupé.

Si les correspondances à distribuer dans Paris avaient subi une diminution notable, il n'en était pas ainsi de celles à destination de la province. Le Gouvernement avait, en effet, décidé d'exonérer de la taxe les lettres adressées par les militaires en campagne à leurs familles, de même que celles qui leur étaient destinées. Cette mesure louable avait eu pour résultat d'augmenter le nombre des lettres, d'autant plus qu'une partie importante de la population était à ce moment à l'armée. Il fallait donc absolument expédier cette correspondance. On n'avait pas le choix des moyens. Il était extrêmement difficile, sinon impossible à un homme de franchir les lignes prussiennes. D'un autre côté la Seine était l'objet d'une surveillance attentive de la part de l'ennemi. Il ne restait que la voie aérienne, la route large et profonde de l'atmosphère

qu'aucune armée du monde ne saurait intercepter.
C'est donc de ce côté que se portèrent les vues.

*
* *

Nous remonterons ici de quelques 76 ans en arrière.
C'était en 1794, au moment des guerres que la France
eut à soutenir contre l'invasion étrangère.

Le Comité de Salut public, que la Convention
avait institué afin de concentrer le pouvoir exécutif,
avait nommé une commission ayant pour but de
rechercher les innovations scientifiques susceptibles
d'être utilisées à la défense de la Patrie. Un des
membres de cette commission, Guiton de Morveau,
chimiste distingué, proposa à ses collègues d'employer
aux armées des ballons retenus captifs, pour observer
les mouvements de l'ennemi. La proposition fut
acceptée et l'Ecole aérostatique de Meudon fut
fondée sous la direction de Coutelle et Conté.

Coutelle suivit l'armée de Jourdan avec le ballon
l'*Entreprenant* et rendit en plusieurs circonstances
de grands services. A la bataille de Fleurus entr'autres,
il resta pendant dix heures consécutives en observation, et grâce aux renseignements précieux qu'il
fournit sur les mouvements de l'ennemi pendant toute
la durée de l'action, il contribua pour une large part
aux succès de nos troupes.

L'institution des aérostiers militaires aurait pu
rendre de grands services et la preuve de son utilité
était suffisamment établie, lorsque Bonaparte, à

son retour d'Egypte, fit fermer l'école de Meudon
vendre le matériel et licencia le personnel. Le César
français ne voulut jamais utiliser les ballons. Peut-
être craignait-il, dans son génie ombrageux, que l'emploi d'un auxiliaire si nouveau, d'une conception si har-
die, ne lui enlevât une parcelle de sa gloire et ne vou-
lait-il devoir ses victoires qu'à sa valeur personnelle.
C'est ainsi qu'en 1870, au moment où s'engagea
la guerre avec la Prusse, il ne restait aucune trace
de la savante organisation de Meudon et les ballons
militaires n'existaient qu'en souvenir.

Cependant, dès les premiers jours du siège, Nadar, le
photographe bien connu, proposa au Gouvernement
de faire observer les mouvements des Prussiens autour
de Paris à l'aide de ballons captifs. Dans ce but, il
s'établit sur la butte Montmartre avec un aérostat
et le général Trochu lui donna une équipe de marins
pour aider à la manœuvre. Son exemple ne tarda pas
à être suivi par d'autres aéronautes. Duruof s'installa
au boulevard d'Italie et Wilfrid de Fonvielle à Vaugirard.

Ces observations n'avaient donné encore que peu
de résultats par suite de l'immense étendue du cercle
d'investissement, lorsque l'on songea à créer la poste
aérienne par ballons.

Ce moyen de communication n'était pas tout à fait
une innovation. Déjà en 1793, le commandant Chanal
avait tenté de faire passer, au moyen d'un ballon,
des dépêches au général Dampierre, assiégé dans
Condé par les Autrichiens. Au lieu de tomber dans
la place assiégée, le ballon s'abattit au milieu des
troupes ennemies et ce fut le prince de Cobourg qui

les commandait, qui eut connaissance des dépêches destinées à notre général. On voit que l'idée était déjà ancienne.

Il faut dire aussi que le transport des correspondances au moyen de ballons non montés avait été employé à Metz par l'armée de Bazaine. Le maréchal qui devait, par sa trahison, compléter l'œuvre de Sedan, avait chargé quelques officiers du génie d'observer la direction du vent, afin de lancer un ballon aussitôt que le courant pourrait le porter vers un point non encore occupé par l'ennemi. Le 16 septembre, cette circonstance favorable se présenta. On fit partir un petit ballon emportant des dépêches et une cage où l'on avait enfermé un pigeon. Il ne put fournir une course assez longue et tomba au milieu des Prussiens qui le capturèrent avec les dépêches et le pigeon.

Un deuxième fut envoyé le lendemain 17. Celui-ci avait été muni d'une petite nacelle où étaient placées 500 lettres environ, adressées par des officiers et des soldats de la garnison à leurs familles. Sur le paquet de lettres était placée, bien en évidence, une étiquette sur laquelle on avait écrit une recommandation pour celui qui trouverait le ballon, de porter les correspondances au maire de la localité la plus proche.

Emporté par un vent favorable, l'aérostat alla tomber dans les environs de Neufchâteau, où il fut trouvé par un paysan, qui, ayant lu l'indication de l'étiquette, porta la liasse au maire de cette ville.

Celui-ci, d'accord avec le sous-préfet, décida de prendre connaissance de cette correspondance avant

de la faire parvenir aux familles intéressées. La
gravité de la situation où se trouvait le pays autorisait cette indiscrétion, car on pouvait ainsi recueillir des renseignements importants. On apprit
que l'état moral et matériel des troupes était excellent et autorisait toutes les espérances ; les provisions en vivres et en munitions abondantes et la
santé parfaite. Les lettres étaient unanimes sur ce
point.

Ces nouvelles réconfortantes furent immédiatement télégraphiées au Gouvernement, et le lendemain les journaux de Paris émirent cette opinion,
qu'avec les ressources dont disposait Bazaine, l'armée de Metz pourrait bien faire assister à quelque
surprise. Elle ne tarda pas à se produire, en effet,
mais elle fut autre que celle que l'on avait espérée.

Quelques jours après, un ballon également lancé
à Metz, portant le n° 11, tomba dans le canton de
Fenestranges (Meurthe). Il apportait 137 lettres
qui furent dirigées sur leur destination. Un autre
ballon contenant deux à trois mille petits billets
tomba en pleine invasion. Il put, toutefois, être
soustrait à la vue de l'ennemi. Le *Moniteur Uni-
versel*, journal officiel de la Délégation, à qui nous
empruntons ces renseignements, tait le nom de
l'endroit, pour ne pas attirer sur les habitants la
vengeance des Prussiens.

A Paris M. Wilfrid de Fonvielle proposa à M.
Rampont un système de distribution automatique
de dépêches par ballon. On fixerait ces dépêches à
un cercle, et par la combustion d'une mèche, les
sacs seraient détachés à des distances calculées.

d'après la vitesse et la direction du vent, de manière à les faire tomber dans des endroits choisis.

Ce système, tout ingénieux qu'il fût, présentait beaucoup d'aléas. Il ne fut, du reste, jamais expérimenté. On se contenta de lancer de petits ballons emportant des proclamations et des journaux. Le 30 septembre, toutefois, on en lança un en papier gommé contenant 4 kilogrammes de dépêches. Il tomba au milieu des Prussiens.

Les ballons libres ne sauraient présenter assez de sécurité pour les correspondances. Ce sont, en effet, de véritables bouées aériennes, emportées au caprice du vent et que le hasard fait tomber n'importe où. Les ballons montés ont cet avantage que les aéronautes peuvent en avancer ou en retarder la descente et, dans une certaine mesure, les conduire sur un point d'atterrissage hors de la portée de l'ennemi. Pour ces raisons, on décida la création d'un service de transport des correspondances par ballons montés, et M. Rampont fut chargé de procéder à son organisation. Il s'agissait d'abord de se procurer le matériel nécessaire.

Il y avait à Paris quelques aérostats appartenant à des particuliers : le *Neptune*, à Duruof ; la *Ville de Florence*, à Eugène Godard ; Henri Giffard possédait deux ballons : le *Céleste* et son grand ballon de 5000 mètres cubes qui avait servi à des ascensions captives pendant l'exposition de 1867 ; l'*Impérial*, que Napoléon avait fait construire en 1859 pour servir à des observations militaires pendant la campagne d'Italie, mais qui ne fut pas utilisé, étant arrivé trop tard sur le théâtre des opérations. Camille

Flammarion s'en était servi en 1867, pour des observations scientifiques ; enfin le *Napoléon* et l'*Hirondelle* appartenant à Jules Godard.

Cela faisait en tout sept aérostats, dont la plupart en mauvais état, et du reste, tout à fait insuffisants.

L'Administration des Postes passa alors des marchés avec des constructeurs pour la confection des ballons dont elle aurait besoin pendant la durée du siège. Avec les frères Eugène et Jules Godard d'une part, Gabriel Yon et Camille Dartois d'autre part.

Les deux frères Godard établirent leurs ateliers à la gare d'Orléans ; Yon et Dartois s'installèrent à la gare du Nord. Ces gares se trouvèrent ainsi transformées en gares aériennes. Cent vingt femmes furent requises pour l'exécution des travaux de couture, et des douaniers, dont les fonctions étaient devenues inutiles, furent employés aux divers travaux préparatoires, tels que : vernissage et séchage de l'étoffe, gonflement, etc.

D'après les conventions passées avec l'Administration des Postes, et parues au Journal officiel de Paris, le 2 mars 1871, les constructeurs s'engageaient à fournir les ballons à des dates fixes échelonnées. Ils auraient à payer une amende de 50 francs par jour de retard.

Ces ballons devaient avoir une capacité de 2.000 mètres cubes au moins, être en percaline de première qualité, vernie à l'huile de lin. La nacelle devait pouvoir contenir quatre personnes et être munie de tous les accessoires nécessaires à la manœuvre et à l'atterrissage, tels que : sacs de lest, soupape, ancre, etc.

Les ballons étaient soumis avant le départ, à une épreuve préalable qui consistait à les remplir de gaz et à les laisser ensuite gonflés pendant 10 heures. Au bout de ce temps, ils devaient pouvoir enlever encore un poids de 500 kilogrammes.

Malgré ces précautions, l'enveloppe était parfois de qualité inférieure et le vernis mal appliqué laissait filtrer le gaz qui s'échappait insensiblement. C'est ce qui explique pourquoi plusieurs ballons tombèrent non loin de Paris et même quelques-uns au milieu des lignes ennemies.

Le prix alloué par l'Administration des Postes était d'abord de 4.000 francs par ballon ; mais il fut réduit à 3.000, plus 500 francs, dont 300 pour le gaz et 200 à l'aéronaute. Il faut ajouter à cette somme le prix des différents accessoires qui variait entre 300 et 600 francs par ascension. La somme était versée au constructeur, aussitôt après le départ, le ballon hors de vue.

Les préposés avaient en outre, la charge d'assurer le recrutement des aéronautes. Il y avait dans Paris plusieurs professionnels qui ne demandaient qu'à se rendre utiles ; mais le nombre en étant insuffisant, il fallut faire appel à des volontaires. C'est alors que l'amiral de la Roncière le Noury proposa de prendre des marins ; ceux-ci ayant l'habitude de voyager ailleurs que sur la terre ferme, ne feraient dans l'air que changer d'élément.

Sur les 65 ballons qui sortirent de Paris pendant le siège, 18 furent conduits par des aéronautes de profession, 17 par des volontaires et 30 par des marins. Ces derniers que l'on avait pris parmi les plus

courageux et les plus intelligents, justifièrent plei-
nement la confiance que l'on avait eue en eux ;
tous, sauf le malheureux Prince qui se perdit en mer,
réussirent à remplir leur mission.

L'apprentissage des aéronautes improvisés se
réduisait à quelques conseils ; puis on les faisait
monter dans une nacelle suspendue à une poutre
de la gare. Ils commandaient le *lâchez tout* sacra-
mentel, figuraient ensuite les différentes manœuvres,
telles que : vider les sacs de lest, tirer la soupape,
jeter l'ancre et leur éducation était faite.

Par un décret du 26 septembre 1870, paru au
Journal Officiel le 29 du même mois, M. Rampont
décidait l'expédition des correspondances particulières pour la province par ballons montés. Le
poids d'une lettre ne devait pas dépasser quatre
grammes, le port était taxé à vingt centimes et
l'affranchissement obligatoire. Le public parisien
était en même temps informé que les lettres seules
étaient reçues pour les départements et l'étranger.
L'Administration n'acceptait les chargements, échan-
tillons et journaux que pour l'intérieur de Paris
et les forts détachés.

C'est dans la crainte que les ballons montés ne
fussent pas suffisants à assurer le service que M.
Rampont avait décidé en même temps l'emploi
des ballons libres. Ces derniers construits en papier
gommé pouvaient emporter 50 kilogrammes. Les
cartes-poste que l'on devait leur confier avaient
un poids de 3 grammes au maximum ; leurs dimensions étaient de 11 centimètres sur sept ; la taxe
de 10 centimes pour la France et l'Algérie.

Nous avons vu pourquoi ils furent supprimés ;
les ballons montés, grâce à l'emploi d'un papier
spécial pour les lettres furent, du reste, largement
suffisants.

Il faut dire également que le transport des correspondances par ballons fut loin d'être onéreux pour
l'Administration. Nous venons de voir que le coût
d'un aérostat ne dépassait pas 5.000 francs et
certains emportèrent jusqu'à 400 kilogrammes de
correspondances représentant 100.000 lettres au
moins, qui à 20 centimes, formaient un total de
20.000 francs.

Les lettres à destination de la province ou de
l'étranger déposées dans les boîtes de l'Administration par les particuliers étaient expédiées au
premier départ. Les sacs de dépêches ficelés et ca-
chetés suivant les méthodes ordinaires étaient
portés au ballon par un haut fonctionnaire, M.
Chassinat, directeur des Postes de la Seine, ou M.
Béchet, sous-directeur. M. Hervé-Mangon, ingénieur, assistait à tous les départs. Il donnait des
indications aux aéronautes sur la direction et la
vitesse du vent et, par suite, sur le temps qu'ils
auraient à se maintenir en l'air pour atterrir hors
des lignes de l'ennemi. Les frères Godard, Nadar,
Gabriel Yon et Dartois dirigeaient les manœuvres
du départ.

Tout ce personnel accomplit ses fonctions avec
un entrain et une science qui méritent les plus
grands éloges.

CHAPITRE II

Les Ballons-Poste

Nomenclature des ballons du siège. — Voyage de l'Armand-Barbès. — Gambetta aéronaute. — Voyage du Louis-Blanc, de la Bretagne. — Le Galilée et le Daguerre pris par les Prussiens. — La Ville d'Orléans. — Chute en Norvège. — Perdus dans les neiges. — La cabane abandonnée. — Les paysans norwégiens. — Réceptions triomphales. — La perte du Jacquard. — La science ne perd pas ses droits. — Une chute en Allemagne. — Les hélices du Duquesne. — Le Steenackers. — Le Richard-Wallace, etc.

Nous ne saurions entreprendre de faire par le détail le récit circonstancié de tous les voyages aériens exécutés par les aéronautes du siège. La lecture en deviendrait bientôt fastidieuse, par suite de la répétition de faits sensiblement identiques. Dans la nomenclature qui va suivre, nous ne nous étendrons que sur les voyages qui présentent un intérêt particulier, par suite des circonstances curieuses ou dramatiques qui les accompagnèrent. Nous devons dire, dès maintenant que tous les aéronautes, professionnels, volontaires ou marins méritent la même admiration et ont droit à la même reconnaissance pour le dévouement qu'ils mirent à remplir la mission périlleuse qui leur avait été confiée, dans les moments particulièrement douloureux que traversait la Patrie.

Le premier ballon qui sortit de Paris fut le *Neptune*, cubant 1.200 mètres, frété par l'administration des Postes. Aéronaute Jules Duruof, emportant 125 kilogrammes de dépêches. Parti des buttes Montmartre le 23 septembre, à 8 heures du matin, atterri le même jour, à 11 heures du matin, à Craconville, près d'Evreux, à 104 kil. de Paris.

2° *La Ville de Florence*, 1400 mètres cubes, frété par le ministre des Travaux publics.— Aéronaute, Gabriel Mangin. — Passager, M. Lutz. — Dépêches, 150 kilog. — Pigeons, trois. Parti du boulevard d'Italie le 25 septembre, à 11 heures du matin, atterri à 5 heures du soir, à Vernouillet (Seine-et-Oise), à 30 kil. de Paris, presque au milieu des lignes prussiennes.

3° Le *Napoléon* et l'*Hirondelle*, deux ballons que l'on avait accouplés ensemble, et que pour cette raison on appela les *États-Unis*, cubant l'un 800 et l'autre 540 mètres, frétés par l'administration des Postes. — Aéronaute, Louis Godard. — Passager, M. Courtin, fournisseur de l'armée. — Dépêches, 80 kilog. — Pigeons 4. Partis de l'usine à gaz de la

Villette le 29 septembre, à 10 heures du matin, atterris le même jour à 1 heure 30, près de Mantes, à 58 kil. de Paris.

4º Le *Céleste*, 780 mètres cubes, offert à l'administration des Postes par M. Henri Giffard. — Aéronaute, Gaston Tissandier. — Dépêches, 80 kilog. — Pigeons, 3. — Parti de l'usine à gaz de Vaugirard, le 30 septembre, à 9 heures du matin, atterri près de Dreux à 11 heures 50, à 81 kil. de Paris.

5º L'*Armand-Barbès*, 1.200 mètres cubes, frété par l'administration des Télégraphes. — Aéronaute, J. Trichet. — Passagers, MM. Léon Gambetta et E. Spuller. — Dépêches, 100 kilogrammes. — Pigeons, 16. Parti de la place Saint-Pierre, à Montmartre, le 7 octobre, à 11 heures du matin, atterri à 3 heures 30 du soir, dans la forêt d'Epineuse (Oise), à 98 kilomètres de Paris.

Ainsi que nous venons de le voir, ce ballon emportait Gambetta. Sa présence en province avait été jugée nécessaire par le Gouvernement de la Défense nationale. Il devait coordonner les mouvements des armées, afin de concentrer leurs efforts pour débloquer Paris et repousser l'invasion. Dans ce but, il devait se rendre à Tours, au siège de la Délégation.

Son départ avait été décidé le 5 octobre, et il eût désiré l'effectuer le lendemain.

En conséquence, le 6, à 7 heures du matin, M. Hervé-Mangon fit lancer deux petits ballons, afin de déterminer la direction et la vitesse du vent. Mais ce jour-là il régnait au-dessus de Paris un brouillard intense, et à peine avaient-ils atteint 100 mètres de hauteur qu'ils disparaissaient dans la brume. Il fallut remettre le départ au lendemain.

Cependant, la nouvelle que Gambetta se rendait en province, chargé par le Gouvernement d'une mission importante, s'était répandu dans Paris et avait réveillé l'espérance au cœur des habitants.

Le 7, dès le matin, une foule énorme encombrait la place Saint-Pierre pour assister au départ du grand patriote.

A 11 heures précises, Gambetta et son secrétaire et ami, M. Spuller, prenaient place dans la nacelle de l'*Armand-Barbès*. M. Trichet, qui les conduisait était un aéronaute de profession et avait déjà fait de nombreuses ascensions.

En même temps que l'*Armand-Barbès*, un autre ballon, le *George-Sand*, s'élevait aussi de la place Saint-Pierre. Ce dernier était conduit par M. Révillod, qu'accompagnaient deux citoyens américains, MM. May et Raynolds, et M. Cuzon, sous-préfet de Redon.

MM. Charles Ferry, Louis Blanc, Rampont assistaient à ce double départ ; Gabriel Yon, Nadar et Dartois dirigeaient l'appareillage et la manœuvre.

Au moment où les deux ballons, abandonnés à eux-mêmes s'élevaient dans l'espace, un cri immense de « Vive la République » retentissait sur la place, alors que les voyageurs, saluant la foule, répétaient ce vœu d'espérance qui trouvait un écho au plus profond des âmes.

Malgré la faiblesse du vent, l'*Armand-Barbès*, laissant Saint-Denis sur la droite, eut bientôt franchi l'enceinte des forts, et se trouva au-dessus des lignes prussiennes. Il planait à ce moment-là à une hauteur de 600 mètres environ.

Les voyageurs furent alors assaillis par une vive fusillade et même par des coups de canon qui, heureusement ne les atteignirent pas. L'aéronaute jeta du lest et le ballon allégé se relevant à 1.200 mètres, put continuer son voyage en sécurité.

Quelques instants après, Trichet, apercevant un espace libre, voulut y atterrir. Des paysans accoururent de tous côtés et entourèrent le ballon. Gambetta leur ayant demandé s'il y avait des Prussiens dans les environs. « Ils nous entourent, répondirent-ils, et vous êtes en plein dans leurs lignes ». Les voyageurs jetèrent de nouveau du lest, et le ballon remonta.

Au-delà de Creil, ils aperçurent une troupe qu'ils prirent pour des francs-tireurs. Ils se disposaient déjà à descendre quand ils reconnurent qu'ils avaient affaire à des soldats ennemis. Heureusement que les fusils étaient aux faisceaux, ce qui permit aux aéronautes de se relever à 800 mètres où ils se trouvaient hors de la portée des armes. Le danger toutefois avait été grand, et Gambetta eut la main effleurée par une balle.

Un peu plus loin, l'aérostat essuya encore une nouvelle salve partie d'un poste prussien, puis s'engagea au-dessus d'un bois ; mais il ne tarda pas à descendre et s'accrocha au haut d'un chêne. Des paysans aidèrent les voyageurs à se dégager. A ce moment, un propriétaire des environs qui passait avec sa voiture, l'offrit à Gambetta et à ses compagnons qui atteignirent ainsi Epineuse, puis Montdidier, où ils furent en sûreté.

Gambetta s'empressa d'envoyer au Gouvernement la nouvelle de l'heureuse issue de son voyage. Il expédia à Paris un magnifique pigeon gris, avec la dépêche suivante :

« Montdidier (Somme), 8 heures du soir. Arrivée « après accident en forêt à Epineuse. Ballon dé- « gonflé. Nous avons pu échapper aux tirailleurs « prussiens, et, grâce au maire d'Epineuse, venir « ici, d'où nous partons dans une heure pour Amiens, « d'où voie ferrée jusqu'au Mans et à Tours. Les « lignes prussiennes s'arrêtent à Clermont, Com- « piègne et Breteuil dans l'Oise. Pas de Prussiens « dans la Somme. De toutes parts, on se lève en « masse. Le Gouvernement de la Défense nationale « est partout acclamé ».

Le pigeon qui apporta ce message appartenait à M. Cassiers, qui lui donna le nom de Gambetta. Le brave messager se montra digne du choix de son propriétaire par les services qu'il rendit dans la suite. Sorti quatre fois de Paris en ballon, il y rentra quatre fois porteur de dépêches.

Gambetta et ses compagnons se rendirent ensuite à Amiens, où ils passèrent la nuit; puis à Rouen. Le grand patriote qui incarnait l'âme de la défense fut reçu dans cette ville par la garde nationale et prononça un discours qui souleva l'enthousiasme. Les voyageurs se rendirent ensuite à Tours au siège de la Délégation en passant par le Mans.

6° Le *George-Sand*, 1.200 mètres cubes, frété par les deux passagers américains. — Aéronaute, M. Révillod. — Passagers, MM. May, Raynolds

et Cuzon. — Dépêches, aucune. — Pigeons, 18.
Parti de la place Saint-Pierre, à 11 heures du matin,
atterri à Crémery, canton de Roye (Somme) à
4 heures du soir, à 120 kilomètres de Paris.

Ainsi que nous l'avons vu, le *George-Sand*, s'éleva
place Saint-Pierre, en même temps que l'*Armand-
Barbès*. Il fut de même assailli par les fusillades
des Prussiens ; mais il put se maintenir à une hauteur
plus grande, et son voyage fut par suite moins mou-
vementé. Les voyageurs, à leur descente, reçurent
l'hospitalité chez M. Bertin, maire de Roye. Le
lendemain ils rejoignirent à Amiens les passagers de
l'*Armand-Barbès*, et se rendirent à Tours en leur
compagnie.

7º (nom inconnu). — 1.200 mètres cubes, frété
par M. Piper. — Aéronaute, M. Racine. — Passagers
M. Piper, fournisseur de l'armée et M. Friedmann
son secrétaire. — Dépêches, aucune. — Pigeons
aucun. Parti de l'usine à gaz de la Villette, le 8 octobre, à 2 heures 45 de l'après-midi ; atterri près de
la ferme de Chantournelle, entre Pierrefitte et Stains
(Seine) à 12 kilomètres de Paris.

Ce ballon ne put franchir les lignes prussiennes.
Le vent l'emportait vers le nord, lorsque, au bout de
20 minutes, il se dégonfla subitement et tomba dans
une mare à 50 pas des sentinelles ennemies et à 400
mètres environ du fort de la Courneuve, occupé
par les francs-tireurs de la presse. Des coups de feu
furent tirés de tous côtés sur les naufragés, qui, pour
éviter les balles, durent se résigner à rester dans l'eau
jusqu'au cou et simuler la mort. Ils demeurèrent
dans cette situation terrible pendant plus.de trois

heures, et ce n'est qu'à sept heures et demie,lorsque l'obscurité fut complète qu'ils se décidèrent à en sortir. Ils marchèrent alors dans la direction où ils avaient cru entendre parler français et eurent la chance de rencontrer une patrouille de francs-tireurs de la presse, qui, après les avoir reconnus,les amena au fort de la Courneuve, où les soins que réclamait leur état leur furent prodigués.

8º Le *Washington*, 2.000 mètres cubes, frété par l'administration des Postes.— Aéronaute, M. Bertaux.— Passagers, MM. Van Roosebeke, colombophile, et Lefebvre, consul. — Dépêches, 300 kilogrammes. — Pigeons, 25. Parti de la gare d'Orléans, le 12 octobre, à 8 heures 20 du matin, atterri près de Carnières (Nord) à 11 heures 30, à 204 kilomètres de Paris.

Le ballon, emporté par un vent violent, fut assailli sur la plus grande partie de son parcours par les fusillades des Prussiens ; mais la hauteur de 1.200 mètres à laquelle il put se maintenir le mettait hors de l'atteinte des projectiles. Au moment de l'atterrissage, M. Bertaux, en jetant l'ancre, fut précipité hors de la nacelle. MM. Van Roosebeke et Lefebvre, furent entraînés sur un parcours assez long et sérieusement contusionnés. Enfin le ballon ayant crevé finit par s'arrêter. La population de Carnières s'empressa auprès des voyageurs qui furent conduits à Cambrai où les dépêches furent remises à la poste. Les pigeons n'avaient aucun mal.

M. Van Roosebecke se rendait auprès de la Délégation, afin de l'aider de son expérience et de ses conseils dans l'organisation de la Poste par pigeons.

Quant à M. Bertaux, l'aéronaute du *Washington*,
c'était un volontaire, qui, atteint d'une maladie
de poitrine, avait mis au service de sa patrie le
peu de jours qui lui restaient à vivre. Il fit partie
des aérostiers qui opérèrent à l'armée de la Loire.
Les fatigues de la campagne jointes à la maladie
qui le minait hâtèrent encore l'inévitable dénoue-
ment. Il mourut peu de temps après la signature
de l'armistice.

9° Le *Louis-Blanc*, 1.200 mètres cubes, frété
par l'administration des Télégraphes. — Aéronaute,
M. Farcot, mécanicien.— Passager, Traclet, colombophile. — Dépêches, 125 kilogrammes. — Pigeons,
8. Parti de la place Saint-Pierre, le 12 octobre à
9 heures du matin, atterri le même jour à midi 30,
à Béclers, dans le Hainaut (Belgique) à 290 kilomètres de Paris.

M. Traclet se rendait à Tours où il devait également
coopérer à l'organisation du service par pigeons.
Le voyage du ballon qui fut, ainsi qu'on peut le voir,
accompli avec une grande vitesse se termina néanmoins sans accidents.

10° Le *Godefroy-Cavaignac*, 2.000 mètres cubes,
frété par l'administration des Postes. — Aéronaute,
Pierre-Edme Godard. — Passagers, M. de Kératry
et ses deux secrétaires, MM. Estancelin et Cochut. —
Dépêches, 200 kilogrammes. — Pigeons, 6. Parti
de la gare d'Orléans, le 14 octobre, à 10 heures du
matin, atterri à Brillon, près de Bar-le-Duc, à 2
heures 45 du soir, à 256 kilomètres de Paris.

M. Godard, père d'Eugène et de Jules, malgré
ses 70 ans, n'avait pas hésité à tenter la traversée

au-dessus des lignes ennemies. Le ballon, après avoir plané quelque temps sur Vincennes, se trouva bientôt au-dessus d'un camp prussien. Une vive canonnade obligea les voyageurs à s'élever davantage. Deux sacs de lest ayant été vidés, le ballon fut porté avec une rapidité vertigineuse à plus de 6000 mètres d'altitude. A cette hauteur, la reverbération des rayons solaires sur l'enveloppe échauffait considérablement le gaz, et celui-ci, dilaté outre mesure, menaçait de faire éclater le ballon. M. Godard, aéronaute expérimenté, évita le péril en ouvrant de temps en temps la soupape.

Après avoir voyagé ainsi pendant trois heures, ignorant complètement sur quelle contrée le vent les avait portés, les aéronautes se décidèrent à descendre. M. Godard, apercevant un espace assez vaste, auprès d'un bois, jugea l'endroit propice à l'atterrissage. Il tira la soupape et jeta l'ancre ; mais à peine la nacelle avait-elle touché le sol qu'une colonne prussienne apparut. Heureusement les soldats ennemis n'avaient pas aperçu le ballon, et, ne se doutant de rien, ne tardèrent pas à disparaître derrière le bois.

Cependant la descente avait été extrêmement rapide et M. de Kératry fut blessé à la tête au moment du choc. Il reçut l'hospitalité chez des paysans qui le conduisirent à Clermont avec ses deux secrétaires. Quant à M. Godard, il dut s'occuper du sauvetage de son ballon. Après l'avoir dissimulé avec les dépêches et les pigeons dans une voiture chargée de paille, il put se rendre jusqu'à Brillon, petit village situé à 9 kilomètres de Bar-le-Duc.

Là, les difficultés augmentèrent. Les Prussiens occupaient le pays et les habitants terrorisés, refusaient de recevoir, par crainte de représailles, l'aéronaute avec son matériel.

C'est ainsi qu'après avoir caché son ballon dans un bois, M. Godard erra de ferme en ferme, de village en village à la recherche d'un voiturier et finit par trouver un cabaretier plus courageux, qui lui donna l'hospitalité pour la nuit et le conduisit le lendemain à Chaumont, d'où il put gagner Tours avec son matériel, ses dépêches et ses pigeons.

11° Le *Guillaume-Tell*, appelé aussi le *Christophe-Colomb*, 2000 mètres cubes, frété par l'administration des Postes. — Aéronaute, Albert Tissandier. — Passagers, MM. Ferrand et Ranc. — Dépêches, 300 kilogrammes. — Pigeons, 10. Parti de la gare d'Orléans, le 14 octobre, à 1 heure de l'après-midi ; atterri à Montpothier, près de Nogent sur-Seine, à 5 heures du soir, à 114 kilomètres de Paris.

12° Le *Jules-Favre* n° 1, 2000 mètres cubes, frété par l'administration des Postes. — Aéronaute, Louis Godard jeune. — Passagers, MM. Malapert, Ribaut et Bureau. — Dépêches, 195 kilogrammes. — Pigeons, 6. Parti de la gare d'Orléans, le 16 octobre, à 7 heures 30 du matin ; atterri à midi, à Foix-de-Chapelle, en Belgique, à 298 kilomètres de Paris.

13° Le *Jean-Bart*, 2.000 mètres cubes, frété par l'administration des Postes. — Aéronaute, Labadie, marin. — Passagers, MM. Daru et Barthélémy. — Dépêches, 300 kilogrammes. — Pigeons,

6. Parti de la gare d'Orléans, le 16 octobre à 9 heures 50 du matin; atterri à 1 heure du soir, près de Dinant, province de Namur (Belgique) à 328 kilomètres de Paris. La descente fut périlleuse, mais s'accomplit toutefois sans accidents.

M. Henri Giffard avait tenté de remettre en état son grand ballon de 5.000 mètres cubes, qu'il avait baptisé *La Liberté*. Le 17 au matin, on avait procédé au gonflement de l'énorme globe, lorsque à 10 heures, le vent qui soufflait avec violence, cassa les amarres et le ballon s'échappa sans nacelle. Il alla tomber peu après entre Bobigny et le Bourget.

14° Le *Victor-Hugo*, 2.000 mètres cubes, frété par l'administration des Postes. — Aéronaute, Nadal. — Passager, aucun. — Dépêches, 410 kilogrammes. — Pigeons, 6. Parti du jardin des Tuileries, le 18 octobre, à midi; atterri à 5 heures 30 du soir, à Vaubécourt, près de Bar-le-Duc, à 117 kilomètres de Paris.

15° La *République Universelle*, ou *Le Lafayette*, 2.000 mètres cubes, frété par l'administration des Postes. — Aéronaute, Jossec, marin. — Passagers, MM. Dubost et Gaston de Prunières.— Dépêches, 300 kilogrammes. — Pigeons 6. Parti de la gare d'Orléans, le 19 octobre, à 9 heures 15 du matin; atterri à 11 heures 30 du matin, près de Rocroi (Ardennes), à 256 kilomètres de Paris.

16° Le *Garibaldi*, 2.000 mètres cubes, frété par l'administration des Postes. — Aéronaute, Iglésia, mécanicien. — Passager, M. de Jouvencel. — Dépêches, 450 kilogrammes. — Pigeons, 6. Parti du jardin des Tuileries, le 22 octobre, à 11 heures 30

du matin ; atterri à 1 heure 30 du soir, à Quincy-
Segy, près de Meaux, à 40 kilomètres de Paris.

17º Le *Montgolfier*, 2.000 mètres cubes, frété
par l'administration des Postes. — Aéronaute,
Hervé-Séné, marin. — Passagers, général le Bouédec
et le colonel Lapierre. — Dépêches, 300 kilogrammes. — Pigeons, 2. Parti de la gare d'Orléans, le
25 octobre, à 8 heures du matin ; atterri à 1 heure
du soir, près de Holligemberg (Hollande), à 503
kilomètres de Paris.

18º Le *Vauban*, 2.000 mètres cubes, frété par
l'administration des Postes. — Aéronaute, Guil-
laume, marin. — Passagers, MM. Reitlinger et
Cassiers, colombophiles. — Dépêches, 270 kilogrammes. — Pigeons, 23. Parti de la gare d'Orléans, le 27 octobre, à 9 heures du matin ; atterri à
1 heure, près de Verdun, à 370 kilomètres de Paris.

19º La *Bretagne*, appelé aussi la *Normandie*,
1.650 mètres cubes, frété par des particuliers. —
Aéronaute, M. Cuzon. — Passagers, MM. Wœrth,
Manceau et Hiédait. — Dépêches, aucune. — Pigeons, aucun. Parti le 27 octobre à midi, atterri
à 3 heures, à la ferme d'Hennemont, à 26 kilomètres de Verdun et à 355 kilomètres de Paris.

Le ballon fut emporté vers le nord-est. Après un
voyage de trois heures, M. Cuzon apercevant une
prairie tira la corde de soupape. Arrivés à proximité
de la terre les voyageurs furent accueillis par une
vive fusillade. Ils étaient tombés au milieu des
Prussiens qu'ils n'avaient pas aperçus. C'est alors
que M. Wœrth saute alors de la nacelle et fut
fait prisonnier.

Cependant le ballon allégé se relève ; mais M. Cuzon donne de nouveau passage au gaz, et les aéronautes se rapprochent du sol. Quand M. Cuzon et M. Hiédait se voient à portée, ils s'élancent de la nacelle, laissant seul M. Manceau qui est emporté avec la rapidité d'une flèche dans la région des nuages. Un froid rigoureux le saisit, une pluie abondante détrempe ses vêtements. Il tire alors la corde de soupape et une descente rapide s'en suit. Entraîné par l'exemple de ses compagnons, il saute à terre avant que la nacelle n'ait touché le sol ; mais dans sa précipitation, il a mal calculé la hauteur ; tombé de 10 mètres, il se brise une jambe dans sa chute.

M. Manceau en proie à d'horribles souffrances se traîne péniblement jusqu'à un endroit où il aperçoit de la lumière, lorsque des paysans se jettent sur lui et l'assomment à moitié. Ces brutes l'auraient certainement mis à mort sans l'intervention du curé de l'endroit, qui le fit transporter dans une cabane et donner des soins. Il était sauvé, mais malheureusement un traître se rend dans la nuit au quartier général prussien et avertit les ennemis de sa présence. Le lendemain matin un détachement de uhlans vint saisir le malheureux Manceau qui, malgré ses blessures, fut conduit à Mayence et enfermé dans un cachot, où il fut laissé deux jours sans nourriture. Traduit devant un conseil de guerre il eût été fusillé comme espion, s'il n'eût pu prouver qu'il n'était qu'un simple commerçant. Il fut néanmoins maintenu en captivité jusqu'à la fin de la guerre.

20° Le *Colonel-Charras*, 2.000 mètres cubes, frété

par l'administration des Postes. — Aéronaute
M. Gilles. — Passager, aucun. — Dépêches, 460
kilogrammes. — Pigeons, 6. Parti de la gare du
Nord, le 26 octobre, à midi ; atterri à 5 heures du
soir, à Montigny (Haute-Marne), à 308 kilomètres
de Paris.

21º Le *Fulton*, 2.000 mètres cubes, frété par
l'administration des Postes. — Aéronaute, Le
Gloennec, marin. — Passagers, M. Cézanne, ingénieur. — Dépêches, 350 kilogrammes. — Pigeons,
6. Parti de la gare d'Orléans, le 2 novembre, à 8
heures 30 du matin ; atterri à 2 heures 30 du soir,
à La Jumellière, près d'Angers, à 345 kilomètres
de Paris.

22º Le *Ferdinand-Flocon*, 2.000 mètres cubes,
frété par l'administration des Télégraphes. —
Aéronaute, Vidal-Loisset, écuyer. — Passager, M.
Lemercier de Jauvelle, agent des lignes télégraphiques. — Dépêches, 150 kilogrammes. — Pigeons,
6. Parti de la gare du Nord, le 4 novembre à 9 heures
du matin ; atterri a 4 heures du soir, près de Châteaubriant (Loire-Inférieure), à 392 kilomètres de
Paris.

23º Le *Galilée*, 2.000 mètres cubes, frété par
l'administration des Postes. — Aéronaute, Husson,
marin. — Passager, M. Etienne Antonin. — Dépêches, 400 kilogrammes. — Pigeons, 6. Parti de
la gare du Nord, le 4 novembre, à 2 heures de l'après-
midi ; atterri à 6 heures du soir, à Fresnay-le-Gil-
mert, à 11 kilomètres de Chartres et à 88 kilomètres
de Paris. Il fut capturé par les Prussiens, avec
les dépêches et les pigeons. M. Antonin put s'échap-

per ; mais M. Husson fut pris et emmené en captivité.

24° La *Ville-de-Châteaudun*, 2.000 mètres cubes,
frété par l'administration des Postes. — Aéronaute,
M. Bosc, négociant. — Passager, aucun. — Dépêches, 455 kilogrammes. — Pigeons, 6. Parti de
la gare du Nord, le 6 novembre, à 10 heures du
matin ; atterri à 5 heures du soir, à Reclainville
(Eure-et-Loir), à 106 kilomètres de Paris.

25° La *Gironde*, 2.000 mètres cubes, frété par
l'administration des Télégraphes. — Aéronaute
Gallay, marin. — Passagers, MM. Herbaut, Gam-
bès et Barry. — Dépêches, 60 kilogrammes. —
Pigeons, 3. Parti le 8 novembre de la gare d'Orléans,
à 8 heures 30 du matin ; atterri à 3 heures 40 du
soir, à Grainville (Eure), à 117 kilomètres de Paris.

26° Le *Daguerre*, 2.000 mètres cubes, frété par
l'administration des Postes. — Aéronaute, Jubert,
marin. — Passagers, MM. Pierron, ingénieur et
Nobécourt, colombophile. — Dépêches, 200 kilogrammes. — Pigeons, 30. Parti de la gare d'Orléans, le 12 novembre, à 9 heures 15 du matin ;
atterri le même jour à 11 heures, à Jossigny, près
de Ferrières (Seine-et-Marne), à 42 kilomètres de
Paris.

Il fut capturé par les Prussiens avec les dépêches
et les pigeons ; les passagers furent faits prisonniers. Un garde du bois de Ferrières put sauver
un sac de dépêches et six pigeons. Il s'empressa
de faire connaître à Paris, la nouvelle de la prise
du ballon, en expédiant les six pigeons qu'il avait
sauvés, avec chacun une dépêche identique conçue

en ces termes : « Grand ballon jaune et bleu tombé
« à Jossigny, près Ferrières, Prussiens capturé
« ballon, voyageurs et le reste. J'ai sauvé seule-
« ment six pigeons et un sac de dépêches ».

27° Le *Niepce*, 2.000 mètres cubes, frété par
l'administration des Postes. — Aéronaute, Pagano,
marin. — Passagers, MM. Dagron, photographe,
Fernique, ingénieur, Poisot, peintre et Gnochi. —
Dépêches, aucune. — Pigeons, aucun. Parti de
la gare d'Orléans, le 12 novembre, à 9 heures 15 du
matin ; atterri à 2 heures 30 du soir, près de Vitry-
le-François (Marne), à 196 kilomètres de Paris.

Le *Niepce* était parti quelques minutes après
le *Daguerre*. Il emportait des appareils photographiques et différents produits destinés à la reproduction des dépêches sur pellicules. Il fut assailli par
la fusillade des Prussiens et les passagers assis-
tèrent à la chute et à la prise du Daguerre. Ce leur
fut un enseignement, car ils se maintinrent à une
hauteur suffisante pour ne pas être atteints. Au
moment de l'atterrissage, ils furent poursuivis
par les ennemis et durent abandonner la plus grande
partie de leur matériel. Ils ne réussirent à s'échapper
qu'au prix des plus grands dangers.

Après les accidents que nous venons de signaler,
on comprit qu'il était imprudent de faire partir
les ballons en plein jour, car les Prussiens, maintenant avertis, ne manquaient pas de leur donner
la chasse. On décida, en conséquence, de les faire
partir vers onze heures du soir. De cette façon,
ils avaient le temps de franchir les lignes avant
l'arrivée du jour.

Cependant, pour éviter un danger, on tombait dans un autre tout aussi terrible. En effet, il s'écoule à cette époque de l'année environ huit heures avant le lever du soleil ; or, si un vent un peu fort emportait le ballon dans la direction de la Manche ou de la mer du Nord et même de l'océan Atlantique, il pouvait déjà être en pleine mer à l'arrivée du jour. Du reste, la suite de ce récit mieux que ce que nous pouvons dire, montrera les dangers d'une pareille mesure. Nous continuons notre nomenclature.

28° Le *Général-Uhrich*, 2.000 mètres cubes, frété par l'administration des Postes. — Aéronaute, Lemoine, marin, — Passagers, MM. Thomas, colombophile, Biembar et Chapouil. — Dépêches, 80 kilogrammes. — Pigeons, 34. Parti de la gare du Nord, le 18 novembre, à 11 heures du soir, atterri le lendemain matin, à 8 heures, à Luzarches (Seine-et-Oise), à 36 kilomètres seulement de Paris

29° L'*Archimède*, 2.000 mètres cubes, frété par l'administration des Postes. — Aéronaute, M. J. Buffet. — Passagers, MM. A. Jodas et de Saint-Valry. — Dépêches, 300 kilogrammes. — Pigeons, 21. Parti de la gare d'Orléans, le 21 novembre, à 1 heure du matin ; atterri à 6 heures 40 du matin, à Castebré, province de Limbourg (Hollande), à 400 kilomètres de Paris.

30° L'*Egalité*, 3.000 mètres cubes, frété par les passagers américains. — Aéronaute, Wilfrid de Fonvielle. — Passagers, MM. de Villoutray, Bunel, Rouzé et d'Andrecourt. — Dépêches, aucune. — Pigeons, 12. Parti de l'usine à gaz de Vaugirard, le 24 novembre à 10 heures du matin ; atterri à

2 heures de l'après-midi, aux environs de Louvain
(Belgique), à 215 kilomètres de Paris.

31º La *Ville-d'Orléans*, 2.300 mètres cubes, frété
par l'administration des Postes. — Aéronaute, Paul
Rolier. — Passager, M. Léonard Bézier, franc-tireur.
— Dépêches, 250 kilogrammes. — Pigeons 6. Parti
de la gare du Nord, le 24 novembre, à 11 heures 40
du soir ; atterri le lendemain à 2 heures 40 de l'après-
midi ; au mont Lid, à 100 lieues au nord de Christia-
nia (Norwège), et à plus de 1.400 kilomètres de
Paris.

Le voyage de la *Ville-d'Orléans* constitue l'aventure la plus singulière et la plus émouvante des ballons du siège, sinon la plus dramatique. Nous ne
saurions mieux faire que de laisser la parole à M.
Bézier, le passager du ballon, qui, de retour en
France, a écrit une relation détaillée de son voyage (1).

« Le départ, dit M. Bézier, s'effectua de la gare
« du Nord, à 11 heures 40 minutes du soir, dans un
« ballon, la *Ville-d'Orléans*, cubant 2.300 mètres,
« et monté par M. Paul Rolier, aéronaute. J'empor-
« tai quelques provisions pouvant à la rigueur
« durer vingt-quatre-heures et les dépêches du
« Gouvernement ; nous avions de plus une cage
« contenant six de ces messagers d'Etat improvisés,
« six pigeons, dont je me fis l'ami tout de suite,
« environ 250 kilogrammes de dépêches privées
« et dix sacs de lest.

---

(1) Cette relation est adressée à M. Pierre Deschamps, commandant les francs-tireurs dont faisait partie M. Léonard
Bézier.

« Minuit. — Nous sommes partis avec une brise
« modérée du sud-sud-est, faisant par conséquent
« le nord-nord-ouest, c'est-à-dire à peu près la di-
« rection de Saint-Valéry-sur-Somme. Le ballon qui
« s'était élevé à une hauteur de 800 mètres com-
« mençait à descendre ; nous fûmes obligés de sacri-
« fier environ deux sacs et demi de sable pour
« arriver à mille ou douze cents mètres, hauteur à
« laquelle nous sommes à l'abri des balles de ces
« messieurs. Quelques coups de feu sont tirés sur nous
« sans résultats.

« Minuit et demi. — Nous arrivons à 1.400 mètres
« et tout est tranquille : la nuit est d'une extrême
« sérénité.

« Une heure du matin. — Nous sommes à 2.700
« mètres ; nous nous maintenons à cette hauteur
« jusqu'au jour.

« 2 heures 30. — Bien au-dessous de nous, s'étend
« une brume compacte qui nous cache absolument
« la vue de la terre ; un bruit que je ne puis com-
« parer qu'à celui d'un train de chemin de fer en
« marche, nous fait croire que nous nous trouvons
« à proximité d'une ligne ferrée ; mais ce bruit
« persiste jusqu'au jour et nous préoccupe.

« 6 heures 15 du matin. — Le jour commence à
« poindre ; le ballon est redescendu à une hauteur
« d'environ 1400 mètres, nous n'apercevons pas de
« terre à l'horizon, et au-dessous de nous s'étend...
« la mer ! La mer pour nous, c'est la mort ! Le
« bruit continu qui nous avait fait croire à une ligne
« de chemin de fer, n'était autre que le bruit des
« lames.

« 6 heures 30. — Perdus dans l'immensité,
« dépourvus de tout instrument qui nous permette
« de faire le point et de connaître où nous sommes
« et le vent nous poussant toujours vers le nord,
« nous préparons une dépêche pour la France.

« 10 heures 30 du matin. — « En pleine mer,
« ne voyant aucune côte : à la grâce de Dieu ! »
« Nous voulons confier cet adieu suprême à l'un de
« nos pauvres petits messagers ; mais le brouillard
« s'épaississant de minute en minute, nous renon-
« çons à ce projet, et nous réintégrons tristement
« notre pigeon dans sa prison d'osier.

« 11 heures 30 du matin. — Toujours même
« hauteur ; beaucoup de navires passent en vue au-
« dessous de nous, mais nos signaux et nos cris
« d'appel restent inutiles ; nous ne sommes ni vus
« ni entendus, ou plutôt la prodigieuse rapidité
« de notre marche ne permet pas aux marins de
« venir à notre secours ; cette dernière hypothèse
« est la plus probable.

« Nous étions alors considérablement redescendus,
« et l'aéronaute eut l'idée de laisser pendre le guide-
« rope dans toute sa longueur (120 mètres) avec
« l'espérance (insensée !) qu'un navire passant au-
« dessous de nous pût l'accrocher et arrêter le ballon,
« nous n'eûmes pas cette chance, et il nous fallut
« remonter péniblement le câble.

« 11 heures 45. — Un gros navire dans l'est
« nous aperçoit et tire un coup de canon de dé-
« tresse.

« 11 heures 55 minutes. — Une goëlette, la der-
« nière que nous devons rencontrer sur notre route,

« nous signale ; les marins sont sur le pont,
« nous faisant des signaux, manœuvrant pour
« nous porter secours ; M. Rolier pèse sur la drisse
« qui correspond à la soupape ; nous descendons
« rapidement à quelques mètres à peine au-dessus
« du niveau de la mer. Mais là, seulement, nous
« nous apercevons de la vitesse vertigineuse de notre
« marche ; les trois minutes environ que nous avions
« mises à descendre ont suffi pour nous porter à
« plus de huit kilomètres de la goëlette. C'est alors
« que, comprenant l'impossibilité où nous nous
« trouvons d'être sauvés par un navire, nous nous
« décidons à remonter et, comme il ne nous reste
« plus qu'environ deux sacs et demi de sable, que
« nous devons conserver pour un dernier et suprême
« effort, nous nous déterminons à sacrifier un sac
« de dépêches privées pesant environ 60 kilogram-
« mes ; le ballon remonte à 3.700 mètres.

« Nous apprîmes plus tard que ce précieux colis
« avait été repêché par la goëlette norwégienne,
« qui nous suivait de bien loin, dans l'espérance de
« pouvoir nous sauver.

« Midi 20 minutes. — Une brume extrêmement
« compacte nous enveloppe ; à peine pouvons-nous
« distinguer notre ballon ; l'abaissement de la tempé-
« rature est excessif et nous souffrons du froid.
« Nos cheveux, nos moustaches et surtout nos cils,
« ne sont plus que de petits glaçons ; le givre tombe
« d'une manière continue ; je suis obligé de sacrifier
« ma couverture pour couvrir et protéger mes
« pauvres pigeons.

« M. Rolier essaye de se hisser sur mes épaules

« pour arriver à fermer complètement l'appendice
« du ballon, le gaz se congelant et formant une fine
« pluie de neige qui tombait sans discontinuer sur
« nos têtes ; il y réussit, mais le gaz se dilatant et
« remontant avec force vers la partie supérieure
« du ballon, M. Rolier craint qu'une explosion ne
« soit déterminée par la fermeture de la soupape
« et remonte trois fois sur mes épaules pour ouvrir
« momentanément la soupape.

« Une heure. — Le brouillard s'épaissit toujours,
« et malheureusement pour nous le froid semble
« devenir plus vif de minute en minute ; c'est alors
« que, d'un commun accord, nous croyant absolu-
« ment perdus, nous prîmes la résolution de faire
« sauter le ballon. Je ne prétends pas, mon com-
« mandant, justifier cet acte de désespoir, c'est-à-
« dire de faiblesse ; mais je vous dois un récit sincère,
« et nous ne voulions pas souffrir trop longtemps.
« Je donnai un dernier souvenir à ma patrie absente,
« à ma femme, à mes trois pauvres petits enfants,
« et l'aéronaute essaya à plusieurs reprises d'enflam-
« mer des allumettes ; mais nos vêtements, nos
« semelles, tout ce qu'il frottait, était tellement
« humide, qu'aucune allumette ne put prendre.
« Je repris un peu confiance, et nous nous dîmes :
« Dieu ne veut pas nous abandonner ! »

« 2 heures 20 minutes. — Le ballon redescend
« avec une grande rapidité. Arrivés à une hauteur
« de 30 mètres environ au-dessus du niveau de la
« mer, toujours dans la brume, nous apercevons la
« cîme d'un sapin qui émergeait d'une épaisse
« couche de neige ; la nacelle presque instantané-

« ment, toucha terre, et l'aéronaute sauta, sans
« perdre un instant, au dehors. Je voulus en faire
« autant, mais je me pris les pieds dans les cordes
« de l'ancre ou du guide-rope, et je me trouvai pendu,
« la tête en bas, en dehors de la nacelle, tandis que
« le ballon, délesté d'une notable partie de son
« poids, remontait avec une extrême rapidité.
« Heureusement pour moi, M. Rolier put se cram-
« ponner au guide-rope, ce qui ralentit le mouvement
« ascentionnel. Je profitai du temps d'arrêt pour me
« dégager, et tous deux nous tombâmes d'une
« hauteur de 20 à 25 mètres dans une couche de neige
« récente, c'est-à-dire molle, d'un peu plus d'un
« mètre d'épaisseur. Nous étions sauvés, mais
« nous avions perdu notre ballon et nos pauvres
« pigeons.

« Nous étions alors au vendredi 25 novembre 1870,
« et il était 2 heures 25 minutes de l'après-midi.
« L'endroit où nous opérâmes notre heureuse des-
« cente s'appelle le Mont-Lid, tout à fait dans le
« nord de la Norwège, par 62 degrés et quelques
« minutes de latitude nord.

« Nous venions d'échapper miraculeusement aux
« périls de l'air ; la main de Dieu s'était étendue sur
« nous. Mais la position ne nous présentait que des
« perspectives peu consolantes ; nous nous trouvions
« jetés sur une terre inconnue, exposés à toutes les
« brutalités d'un climat glacial, sans vivres, sans
« provisions, presque sans vêtements ; le ballon
« avait emporté, dans sa course désordonnée, nos
« pigeons, nos dépêches, nos vivres et nos cou-
« vertures.

« Après une brève délibération, nous nous déci-
« dâmes et prîmes la route du sud ; il nous fallait
« tout d'abord gagner les vallées ; aussi entre-
« prîmes-nous, sans plus tarder, la pénible descente
« de la montagne, trébuchant, glissant à chaque pas
« sur des surfaces glacées, presque verticales, dispa-
« raissant jusqu'à la poitrine dans les trous de neige,
« nous rattrapant tant bien que mal aux branches
« des sapins. Nous mîmes un certain temps qui
« nous parut bien long mais qui peut-être, ne dura
« pas une demi-heure, à cette pénible descente,
« et finîmes par trouver des traces de traîneaux
« qui semblaient assez récentes. Elles paraissaient
« se diriger vers le sud ; il n'y avait pas à hésiter,
« nous les suivîmes.

« Après deux heures d'une marche bien pénible,
« enfonçant à chaque pas dans les trous de neige,
« la glace se rompant sous nos pieds, nos jambes
« disparaissant à demi dans les petits ruisseaux
« qui coulaient sous les dernières couches de neige,
« nous nous trouvâmes à bout de forces. Nous n'a-
« vions découvert, en fait d'êtres animés, que trois
« loups de forte taille, qui défilèrent à une centaine
« de mètres de nous.

« Possesseurs en fait d'armes, d'un petit couteau
« pour nous deux, il ne nous vint pas la plus légère
« velléité de nous mettre en travers, je vous l'assure,
« et nous vîmes disparaître les carnassiers avec un
« soupir de soulagement.

« M. Rolier, accablé de fatigue et de froid, se
« laissa aller sur la neige dans une sorte de léthargie.
« Malgré tous mes encouragements et tous mes

« efforts, il lui était impossible d'aller plus loin.
« Enfin, l'aidant de mon mieux à faire quelques
« pas, je parvins à l'amener au pied d'un gigan-
« tesque sapin, dont les branches, chargées d'un
« énorme poids de neige, descendaient jusqu'à
« terre. Je pus l'installer assez commodément dans
« une sorte de fauteuil vraiment confortable, formé
« par deux grosses branches basses ; il était déjà
« profondément endormi.

« Malgré mon extrême lassitude, je crus devoir
« me remettre en marche, pour tâcher de découvrir
« une habitation. Après une grande heure de recher-
« ches pénibles, il me fallut revenir ; la nuit qui
« tombait et le brouillard s'épaississant de minute en
« minute me forcèrent à rebrousser chemin, et, le
« cœur gros, je repris ma route. Je suivais machi-
« nalement le sillon du traîneau, mettant avec soin
« mes pieds l'un après l'autre dans l'ornière, quand
« levant les yeux par hasard, j'aperçus à ma droite,
« à peu près à 30 mètres, adossée à un rocher et
« dominée par l'ombre épaisse d'un sapin gigan-
« tesque, une cabane ruinée, dont la toiture avait
« cédé au poids de la neige et des ans, mais dont
« les parois me semblèrent en bon état. Aussitôt
« ma fatigue disparut ; en deux bonds, j'étais au
« milieu de mon palais, que je trouvai à moitié
« rempli de foin.

« Courir au sapin où M. Rolier dormait si bien,
« l'arracher de son fauteuil, passer son bras autour
« de mon cou, l'entraîner bon gré, mal gré, et le
« précipiter tout ahuri dans la cabane, fut l'affaire
« d'une seconde ; il était temps, il n'avait que les

« pieds à peu près gelés, mais cet engourdissement
« pouvait le conduire à la mort.

« M. Rolier revint assez vite de cet état de tor-
« peur. Nous nous mîmes activement à débarrasser
« le foin des monceaux de neige qui le recouvraient ;
« nous le trouvâmes chaud et tout fumant sous
« son manteau glacé. Aussitôt que notre lit fut prêt,
« nous nous hâtames de barricader la porte, ou
« plutôt ce qui restait de la porte, avec tout ce
« que nous pûmes trouver sous la main, et, con-
« fiants dans la protection divine, qui saurait nous
« garder de la visite des ours et des loups, nous nous
« précipitons dans le foin, où nous nous enseveli s-
« sons jusqu'aux yeux, et nous y trouvons, sinon
« le sommeil, du moins le repos et la chaleur.

« Le bienveillant sommeil fut long à venir ; j'en-
« tendais les dents de mon voisin claquer ; un
« cauchemar terrible secouait ses membres, mais
« il dormait et je n'osais pas le réveiller. Malgré
« moi, des pensées bien tristes venaient assombrir
« mon esprit accablé, j'arrivais toujours à cette
« conclusion fatale : n'avais-je été sauvé des terri-
« bles dangers de cette extraordinaire traversée
« aérienne, que pour venir sur cette terre glacée
« mourir de froid et de faim ?

« Enfin, je pus m'endormir d'un sommeil fiévreux
« et fatigant, et je me réveillai vers six heures et
« demie du matin. C'était alors le 26 novembre ;
« il n'y avait guère plus de quarante heures que
« nous avions quitté Paris.

« Les forces étaient revenues à M. Rolier. Après
« nous être bien secoués, débarbouillés et frottés

« vigoureusement avec de la neige, nous nous remî-
« mes en marche, saluant d'un regard reconnaissant
« le misérable abri où nous avions trouvé quelque
« chaleur et un peu de sommeil réparateur. Le jour
« commençait à poindre, mais à l'horizon, vers le
« nord, brillait encore d'un éclat intense la rouge
« lueur d'une splendide aurore boréale. Nous avions
« pu nous tailler à chacun une longue et forte canne
« avec une des branches moyennes d'un sapin
« renversé par l'avalanche ou par la tempête.
« Nous cheminâmes péniblement à travers notre
« cortège obligé de neiges et de glaces ; nous na
« marchions guère vite, nos chaussures commen-
« çant à être dans un état misérable ; les bottes
« de M. Rolier, complètement percées, bien qu'assu-
« jetties avec un mouchoir, laissaient entrer la neige
« et parfois des glaçons coupants. Nous souffrions
« de la faim.

« Nos forces s'en allaient rapidement, à cause des
« efforts continuels qu'il nous fallait faire pour ne
« pas glisser à chaque pas dans les ravins et les fon-
« drières. Nous gardions un morne silence et je com-
« mençais à perdre vraiment courage, quand vers
« onze heures, levant la tête, nous poussâmes un
« cri de joie ; nous venions d'apercevoir une pauvre
« chaumière, un palais ! Elle était vide mais à
« l'intérieur tout annonçait que des êtres vivants
« avaient animé de leur présence ce pauvre séjour,
« et qu'ils ne l'avaient quitté que depuis peu de temps.

« Nous étions sauvés. Il ne nous restait plus
« qu'à attendre patiemment et à couvert le retour
« des habitants.

« Après avoir fait le tour de l'habitation, nous
« remarquâmes à la porte d'une petite écurie,
« des pelles et deux traîneaux dont l'un était chargé
« de foin ; plusieurs troncs de sapin ébranchés
« et dégarnis de leur écorce étaient étendus devant
« la porte.

« Nous frappons à cette porte, et, ne recevant
« aucune réponse, nous entrons. En Norwège,
« comme dans tous les pays qui ne connaissent pas
« les bienfaits de la civilisation, comme en Bre-
« tagne, comme dans le nord de l'Ecosse, là où le
« vol est inconnu, là où l'hospitalité est un devoir
« sacré, les habitants ne ferment jamais leurs mai-
« sons. Ici il n'y avait même pas de serrure.

« Nous apercevons au milieu de la cabane quel-
« ques tisons à terre, foyer primitif qui dégage
« peu de chaleur et pas mal de fumée, et ces tisons
« fument encore ; il y a donc bien peu de temps
« que les habitants ont quitté l'habitation. Sur
« une planche étaient étalés ou accrochés diffé-
« rents articles de ménage ; de gros bas de laine
« tricotés étaient pendus dans tous les coins. Dans
« un grand pot il y avait du lait ; dans un autre
« du café ; tout au fond de la pièce, dans un ren-
« foncement obscur, était amoncelé un gros tas
« de foin foulé, qui évidemment servait de lit.
« Ce foin était maintenu par quatre épaisses plan-
« ches de sapin et par dessus trois couvertures
« et deux chaudes peaux d'ours complétaient un
« ensemble confortable qui faisait rêver de chaleur
« et de sommeil.

« Mais ce qui nous frappa le plus, ce qui attira

« tout d'abord nos regards avides, fut une vaste
« marmite en fonte, toute pleine de pommes de
« terre cuites à l'eau, encore tièdes. Nous en man-
« geâmes quelques-unes avec une certaine avidité
« qu'il faut bien nous pardonner, car nous n'avions
« presque rien pris depuis notre départ de Paris.

« Un scrupule nous prit ; nous étions entrés
« dans une habitation dont les maîtres étaient
« absents (que nous connaissions peu les braves
« gens de ce pays hospitalier !). Nous ne voulûmes
« pas nous exposer au reproches que les maîtres
« étaient en droit de nous faire au retour, et nous
« quittâmes la cabane pour nous installer au dehors.
« Après avoir ramassé une bonne provision de bois
« nous balayâmes avec soin une place que nous eûmes
« la peine de débarrasser d'une bonne quantité
« de neige, et nous y allumâmes un grand feu, ce
« qui nous ragaillardit, car nous étions plus qu'à
« moitié gelés.

« Une demi-heure à peu près s'écoula dans cette
« agréable et salutaire occupation, et tout à coup
« nous vîmes déboucher tout en haut de la colline
« deux paysans couverts de fourrures et condui-
« sant chacun un cheval, Ils s'arrêtèrent à notre
« vue, frappés de saisissement. Nous nous étions
« levés, fortement émus de notre côté ; Rolier,
« s'avançant de quelque pas, leur fit le salut russe,
« en levant les yeux vers le ciel. Ils répondirent
« par le même signe et s'avancèrent vers nous.

« Notre première parole, quand nous arrivâmes
« auprès d'eux, fut : « Partis de Paris en ballon. »
« Nous épuisâmes toute la formule de notre rhéto-

« rique pour leur dire que nous avions traversé
« une vaste mer, que nous étions tombés dans les
« neiges, et que nous étions absolument perdus,
« les suppliant de vouloir bien nous accorder l'hos-
« pitalité, etc.

« Les deux braves gens se regardaient silencieu-
« sement, ne comprenant pas un traître mot de
« français, et nous répondirent par quelques syl-
« labes d'une langue quelque peu gutturale, idiome
« auquel il fallut bien reconnaître que nous étions
« totalement étrangers.

« La conversation menaçait de devenir languis-
« sante ; de notre côté, nous prodiguions des fleu-
« ves d'éloquence, hélas ! complètement perdue,
« quand une idée lumineuse nous vint. Nous fîmes
« le dessin du ballon sur une carte, et, plus heu-
« reux qu'Alexandre Dumas quand il crayonna
« un champignon dans une auberge et qu'on lui
« apporta un parapluie, nous vîmes tout de suite
« que nos braves paysans nous avaient compris.
« Il y a plus d'un paysan en France qui, vu l'incor-
« rection de notre dessin, aurait pris notre ballon
« pour une toupie.

« Après avoir attentivement regardé et le dessin
« et le côté gravé de la carte, ils virent imprimé
« le mot magique : « Paris ! » et, regardant encore
« le dessin, crièrent : « la, ballone, Paris ! » en
« nous montrant du doigt le ciel.

« Les braves gens semblaient consternés. Mais
« leur stupéfaction se changea soudain en activité
« fébrile ; à notre grand attendrissement, le plus
« jeune alla chercher du lard et du saucisson qu'il

« fit frire, sur notre prière dans une poêle, tandis que
« l'aîné s'empressait de nous entraîner dans la cabane,
« rallumait du feu pour nous chauffer et nous pré-
« parer du café.

« Pour nous allumer du feu, le brave homme
« avait tiré de son vêtement de peau une boîte
« d'allumettes sur laquelle Rolier vit imprimé
« le mot Christianja ; c'est ainsi que nous avons
« appris que nous étions tombés en Norwège ;
« car, à différentes reprises nous avions demandé
« le nom du pays hyperboréen où nous avait porté
« les hasards des courants aériens, et nos braves
« gens, ne comprenant pas un mot de ce que nous
« disions, n'avait eu garde de répondre.

« Après avoir splendidement dîné et nous être
« bien réchauffés, nous priâmes nos deux bons
« paysans de vouloir bien nous servir de guides
« jusqu'à Christiana. Après force gestes expressifs
« et à l'aide de la mimique la plus éloquente, nous
« parvînmes à nous faire comprendre, et nos hôtes,
« après s'être brièvement concertés entre eux,
« acceptèrent. Nous pensions être à une heure
« ou deux de marche de Christiana ; mais un peu
« plus tard, quand nous eûmes le bonheur de ren-
« contrer des Norwégiens parlant notre langue,
« nous apprîmes avec stupéfaction que nous étions
« tombés au nord, à une distance directe de plus
« de trois degrés de latitude de cette ville, et que
« nous avions encore près de cent lieues à faire,
« et par quels chemins !

« Quand nos braves hôtes se furent décidés,
« ils eurent bien vite terminé leurs préparatifs de

« départ, et nous emmenèrent aussitôt avec eux.
« Pour la troisième fois, nous eûmes à patauger
« et à glisser dans la neige, exercice auquel nos
« chaussures délabrées ne se prêtaient que médio-
« crement. Mais après un trajet d'une heure envi-
« ron nous arrivâmes sur les bords d'un lac splen-
« dide, encadré de montagnes neigeuses et de sa-
« pins magnifiques. Là, était adossé aux rochers
« granitiques, un amas de quelques chaumières
« habitées. Nous entrâmes aussitôt dans l'une
« d'elles, précédés par nos braves guides ; c'était
« là qu'ils habitaient avec leurs familles. La ca-
« bane que nous venions d'abandonner n'était
« qu'une sorte de pied-à-terre, de villa, si vous l'ai-
« mez mieux, de grange, où ils serraient leurs ins-
« truments aratoires et une partie de leurs récoltes.
« Nous ne saurions trop remercier ces braves
« et excellents Norwégiens des marques de solli-
« citude et de véritable tendresse qu'ils nous pro-
« diguèrent. On nous donna encore à manger, on
« nous couvrit de vêtements du pays, c'est-à-dire
« d'épaisses fourrures, on nous chaussa de bottes
« fourrées bien chaudes ; bref, on nous traita comme
« des fils ou des frères aimés, et non comme des
« étrangers tombés on ne sait d'où, tout cela avec
« effusion, sans compliments et sans apprêts. Que
« voulez-vous ? Ces pauvres gens sont peu civilisés,
« la forme laisse à désirer, mais le cœur va de
« l'avant.
« Vers quatre heures, nos hôtes, simples bûche-
« rons de leur état, après avoir fait un bout de
« toilette en l'honneur des hôtes de Dieu, c'est-à-

« dire, des étrangers, nous invitèrent encore une
« fois à nous asseoir à leur table, et, après que nous
« eûmes cordialement bu à nos santés réciproques
« et à la patrie absente, ils nous prièrent de vou-
« loir bien les suivre. Nous prîmes congé avec émo-
« tion des femmes et des enfants de ces deux bra-
« ves cœurs, nous les remerciâmes, les larmes aux
« yeux, des bons soins dont elles nous avaient
« entourés et nous nous mîmes courageusement à
« suivre nos guides. »

Ne croirait-on pas, en parcourant ces lignes,
lire des pages de roman ? Rien n'y manque en in-
cidents pathétiques. C'est d'abord les voyageurs
qui, perdus dans l'immensité aérienne, et voyant
la mort se dresser devant eux, veulent abréger leurs
souffrances. C'est l'incident de la descente, puis
les pérégrinations à travers des contrées désolées
à la recherche de traces humaines. Enfin une chaumière abandonnée dresse devant eux sa silhouette
sur la neige immaculée, et l'espérance renaît au
cœur des infortunés voyageurs. Et que dire de la
stupéfaction des deux braves paysans, en présence
des étrangers venus de si loin et littéralement tombés du ciel ? Toute cette aventure semble sortir
de l'imagination d'un conteur et lorsque l'on réfléchit
qu'elle fut une réalité, on se sent saisi d'une émotion intense, et des larmes coulent involontairement
des yeux.

Nous ne saurions suivre M. Bézier jusqu'au
bout dans sa relation. Leurs souffrances sont maintenant finies et le reste de leur voyage à travers

la Norwège est plutôt une promenade triomphale.

Après avoir traversé le lac sur une embarcation
légère, ils furent conduits par les deux bûcherons
à un petit village nommé Silgjor, où ils furent reçus
chez le pasteur. Celui-ci ne parlait pas français,
mais il envoya aussitôt prévenir trois de ses amis
connaissant parfaitement notre langue. Nos compatriotes purent alors raconter leurs aventures et
donner des nouvelles de la France. Il est inutile
de dire que toutes les préoccupations des esprits
étaient à ce moment tournées vers la guerre, et que
toutes les sympathies allaient à notre pays. Aussi
ce fut avec un grand intérêt que les auditeurs écou-
tèrent le récit que leur firent MM. Rolier et Bézier
des événements qui se déroulaient ; du siège de Paris,
de l'héroïque résistance de ses habitants, de la
jeune République, etc.

Après avoir passé la nuit à Silgjor, ils furent
conduits en traîneau à Cromberg, où ils reçurent
l'hospitalité chez le juge de paix, pour lequel ils
avaient une recommandation. Dès leur arrivée
dans cette ville, un télégramme fut envoyé à M.
Hepp, consul de France à Christiana, pour lui annoncer le miraculeux sauvetage des deux aéronautes
après les périls qu'ils avaient courus. M. Hepp
répondit aussitôt en leur souhaitant la bienvenue
et leur annonça que leur ballon avait été retrouvé
avec les dépêches et les pigeons.

Cependant, la nouvelle que deux Français sortis
de Paris en ballon, étaient en ce moment à Cromberg, s'était répandue dans la ville et les environs.
Quand ils partirent pour aller rejoindre le chemin

de fer de Christiana, la foule du peuple s'était portée sur leur passage. Les femmes avaient confectionné à la hâte des drapeaux aux couleurs françaises, et les tenaient déployés aux fenêtres. Les hommes rangés sur les deux côtés de la rue, tenaient à serrer la main aux deux voyageurs, tandis que le cri de « Vive la belle France ! » était poussé par des milliers de voix. Il en fut ainsi dans chaque ville où ils passèrent.

A Drammen, on leur avait ménagé une agréable surprise. Après une réception où assistaient le directeur des chemins de fer, le maire et les notabilités de la ville, et au moment de pénétrer dans la voiture qui devait les conduire à la gare, ils entendirent un roucoulement bien connu : c'étaient leurs pigeons. Les gracieuses bêtes ne paraissaient nullement indisposées et avaient été partout l'objet des plus grands soins.

A Christiana ce fut une série ininterrompue de fêtes données en leur honneur. Un banquet de quinze cents couverts fut organisé. Sur la table figurait une pièce montée représentant le *Mont-Lid*, le ballon, la cabane, ainsi que les deux paysans norwégiens et les aéronautes eux-mêmes. Les hommes les plus éminents ne cessèrent de leur témoigner la plus vive sympathie. Ils furent portés triomphalement autour de la salle et tous les convives se disputaient l'honneur de leur serrer la main. Pendant toute la soirée la musique ne cessa de se faire entendre, alternant la *Marseillaise*, le *Chant du Départ*, les *Girondins*, avec les chants nationaux norwégiens. Le grand poète Jonas Lie avait même composé pour la circonstance un chœur qui fut chanté à la fin de la soirée. En voici la traduction :

A LA FRANCE

« A cette heure le bruit des tempêtes passe sur
« les plaines de France, trempées de sang et de
« larmes ; les flammes dévorent les villes et les
« villages. Derrière son drapeau tricolore, symbole
« de la liberté, elle a grandi dans son deuil. Retrempée
« par les revers, elle trouvera son salut dans ses
« exploits.

« Ne reste-t-il donc que l'Espérance à tes fils,
« ô France ! L'Espérance est la puissance souveraine
« sur la terre. Dans ses promesses se révèle le génie
« d'un peuple, c'est elle qui fait sortir les guerriers
« du sol de la Patrie.

« Ces deux nobles jeunes gens que nous avons vus
« passant l'Océan, pleins de brûlant courage et
« de foi patriotique, et pour qui le tourbillon des
« tempêtes ne fut qu'une main qui les portait,
« prouvent que la Foi et l'Espérance seront le salut
« de la France.

« Vive la France et vivent les trois couleurs
« qui portent l'Espérance à l'heure de l'adversité !
« Les trois couleurs seront encore pour la Patrie
« française l'arc-en-ciel de la Liberté ! »

Mais toutes ces fêtes devaient avoir une fin, et il fallait songer au retour. Pendant leur séjour à Christiana MM. Rolier et Béziers furent logés au Consulat de France. M. Hepp les fit embarquer sur un transport anglais qui se rendait à Londres. Le capitaine anglais à qui notre consul avait recommandé les deux passagers déclara, en jurant d'un ton énergique qu'il avait fait la campagne de Crimée, et que dût-il *saborder* (*sic*) son navire, les Prussiens n'auraient pas un pouce de leur carcasse.

De Londres, les voyageurs s'embarquèrent pour Saint-Malo et de là se rendirent à Tours où ils arrivèrent le 8 décembre, quinze jours après leur départ de Paris.

32º Le *Jacquard*, 2.000 mètres cubes, frété **par** l'administration des Postes. — Aéronaute, Prince, marin. — Passager, aucun. — Dépêches, 250 kilogrammes. — Pigeons, aucun. Parti de la gare d'Orléans le 28 novembre, à 11 heures du soir ; s'est perdu en mer.

Le *Jacquard* fut emporté par le courant dans la direction de la Manche .A la pointe du jour, des pêcheurs anglais l'aperçurent planant au-dessus du cap Lizard ; puis il disparut dans l'immensité. On n'en a plus entendu parler.

Quel drame dans ces quelques lignes ! Combien de temps l'infortuné aéronaute a-t-il pu se maintenir au-dessus de l'eau, explorant d'un regard avide l'horizon immense où aucune voile n'apparaissait ? Puis, après que le ballon dégonflé se fut affaissé sur les flots, combien d'heures s'écoulèrent pendant lesquelles le malheureux, déjà à demi-mort de froid, de fatigue et de faim, resta cramponné à la nacelle et dut, après un dernier et suprême effort, abandonner l'épave et couler dans les profondeurs !

Prince Alexandre était né, en 1843, à Jurançon

(Basses-Pyrénées). Matelot de ligne dépendant du port de Toulon, il fut attaché à la gare d'Orléans à la création de la poste aérienne.

Une plaque commémorative de cet évènement a été apposée en 1874 au-dessus de la salle des pas-perdus de la gare d'Orléans, où eut lieu le départ.

33º Le *Jules Favre* nº 2, 2.000 mètres cubes, frété par l'administration des Postes. — Aéronaute, M. Martin, négociant. — Passager, M. Ducauroy. — Dépêches, 100 kilogrammes. — Pigeons, 10. Parti de la gare du Nord, le 30 novembre, à 11 heures du soir ; atterri le lendemain, à 8 heures 30 du matin, à Belle-Isle-en-Mer, à 548 kilomètres de Paris.

Les passagers du *Jules Favre* faillirent avoir le sort du malheureux Prince. A l'arrivée du jour, ils entendirent le bruit des vagues au-dessous d'eux. Par un hasard providentiel, le vent les porta au-dessus de Belle-Isle-en-Mer. Il n'y avait pas un instant à perdre ; M. Martin se suspendit à la corde de la soupape, et le ballon descendit avec une grande rapidité. Le choc fut d'une extrême violence. M. Martin eut des blessures graves. Quant à M. Ducauroy, on le releva sans connaissance, et il ne se remit que longtemps après.

34º La *Bataille-de-Paris*, 2.000 mètres cubes, frété par l'administration des Télégraphes. — Aéronaute, M. Poirier, gymnaste. — Passagers, MM. Lissajoux et Youx. — Dépêches, aucune. — Pigeons, aucun. Parti de la gare du Nord, le 1ᵉʳ décembre à 5 heures 15 du matin ; atterri le même jour, à midi, à Grand-Champ, à 14 kilomètres de Vannes et à 460 kilomètres de Paris.

35° Le *Volta*, 2.000 mètres cubes, frété par le ministère de l'Instruction publique. — Aéronaute, M. Chapelain, marin. — Passager, M. Janssen, astronome. — Dépêches, aucune. — Pigeons, aucun. Parti de la gare d'Orléans, le 2 décembre à 6 heures du matin ; atterri à 11 heures 30 à Savenay (Loire-Inférieure, à 466 kilomètres de Paris.

La science française, comme la gaîté, même dans les circonstances les plus tragiques, ne saurait perdre ses droits. Une éclipse de soleil devait se produire le 22 décembre, et le centre du phénomène était l'Algérie. M. Janssen fut délégué par l'Académie des Sciences pour aller l'observer. Il aurait pu obtenir un sauf-conduit pour traverser les lignes prussiennes ; mais il ne voulut rien devoir aux ennemis de sa patrie, et préféra prendre la route de l'air, au risque d'être pris et emmené en captivité.

Il partit à bord du *Volta* avec les instruments nécessaires à ses observations. Le voyage fut heureux et le savant put se rendre en Algérie.

36° Le *Franklin*, 2.000 mètres cubes, frété par l'administration des Postes. — Aéronaute, Marcia, marin. — Passager, comte d'Andrecourt, officier d'état-major. — Dépêches, 100 kilogrammes. — Pigeons, 6. Parti de la gare d'Orléans, le 5 décembre à une heure du matin ; atterri à 8 heures aux environs de Nantes, à Saint-Aignan, à 403 kilomètres de Paris.

37° L'*Armée de Bretagne*, 2.000 mètres cubes, frété par l'administration des Télégraphes. — Aéronaute, M. Surel de Montchamps. — Passager, M. Alavoine, consul à Jersey. — Dépêches, 400

kilogrammes. — Pigeons,6. Parti de la gare du Nord,
le 7 décembre,à 6 heures du matin; atterri à 2 heures
de l'après-midi à Bouille (Deux-Sèvres) à 355 kilomètres de Paris.

Ce ballon subit à la descente un traînage au
cours duquel M. Alavoine fut grièvement blessé.

38º Le *Denis-Papin*, 2.000 mètres cubes, frété
par l'administration des Postes. — Aéronaute,
M. Domalin, marin. — Passagers, MM. Montgail-
lard, Robert et Delort. — Dépêches, 55 kilogrammes. — Pigeons, 3. Parti de la gare d'Orléans, le
8 décembre à une heure du matin ; atterri à 7 heures
près du Mans, à 170 kilomètres de Paris.

39º Le *Général-Renault*, 2.000 mètres cubes,
frété par l'administration des Postes. Aéronaute,
Joignerey, gymnaste. — Passagers, MM. Wolff
et Larmanjat. — Dépêches, 100 kilogrammes. —
Pigeons, 12. Parti de la gare du Nord, le 11 décembre, à 2 heures 15 du matin ; atterri à 6 heures 30,
à Baillotet, près de la forêt du Hellet (Seine-Infé-
rieure), à 143 kilomètres de Paris.

40º La *Ville-de-Paris*, 2.000 mètres cubes, frété
par l'administration des Postes. — Aéronaute,
Delamarne. — Passagers, MM. Morel Lucien et Billebault. — Dépêches, 60 kilogrammes. — Pigeons,
12. Parti de la gare du Nord, le 15 décembre, à 4
heures 45 du matin ; atterri à 11 heures, à Sinn,
près de Wertzlür (duché de Nassau, Allemagne),
à 510 kilomètres de Paris.

La *Ville-de-Paris* fut emporté par un vent du
nord-est, qui devait le conduire en pays ennemi.
Après avoir essuyé quelques coups de feu, les aéro-

nautes jetèrent du lest et gagnèrent aussitôt une hauteur de 1300 mètres. A 7 heures du matin, ils entendirent une sonnnerie de clairon qu'ils crurent être une sonnerie française. Ils s'apprêtaient à descendre, lorsqu'une fusillade leur fit comprendre qu'un combat se livrait au-dessous d'eux, et que si les Français étaient là, les Prussiens devaient également s'y trouver ; ils continuèrent donc leur voyage.

A 10 heures, se croyant en Belgique, les voyageurs descendirent ; mais à ce moment, un vent violent les emportait. Pendant 10 minutes la nacelle fut traînée sur le sol, heurtant les obstacles et brisant les branches des arbres. Les trois aéronautes, ballottés par les chocs répétés, étaient moulus ; ils avaient perdu leurs casquettes ; le sac contenant les dépêches du Gouvernement était tombé ; les pigons affolés, étaient sortis de leur cage et s'étaient envolés.

A ce moment des paysans et deux gardes survinrent et saisirent les cordes qu'ils ne purent maintenir. Le ballon, continuant sa course, s'engagea au-dessus d'une forêt, de sorte que le danger que courait les aéronautes se trouvait encore augmenté. Billebault s'accrocha au passage à une branche d'arbre et fut projeté hors de la nacelle ; il fut aussitôt entouré et saisi par les paysans lancés à la poursuite du ballon.

MM. Delamarne et Morel comprirent alors qu'ils se trouvaient en pays ennemi. Pour échapper au danger d'être pris, ils coupèrent les cordes de l'ancre et du guide-rope qui traînaient et jetèrent un sac

de lest. Les gardes, s'apercevant de la manœuvre,
déchargèrent leurs fusils sur les aéronautes ; mais
heureusement furent assez maladroits pour les
manquer.

Cependant, le ballon délesté du poids de M. Billebault, d'un sac de lest et de 80 kilogrammes de
cordes et d'ancre, rebondit comme une flèche dans
l'espace et atteignit les hautes régions de l'atmos-
phères, où les deux passagers ne tardèrent pas à
ressentir le malaise causé par l'énorme dépression
et la raréfaction de l'air. « Nous avions atteint
« une telle hauteur, dit M. Delamarne dans la re-
« lation qu'il a écrite de son voyage, que tout se
« dérobait à notre vue. Notre respiration devient
« pénible, nos oreilles bouillonnent sous la pression
« du sang que nous croyons sentir s'échapper à
« tout instant en nous-mêmes, tant la raréfaction
« était grande. Les veines du cou se gonflèrent tel-
« lement que nous nous crûmes un moment frap-
« pés d'apoplexie. »

Le ballon, toutefois, ne se maintint pas longtemps
à cette altitude élevée. Après avoir un instant plané,
il redescendit avec rapidité et toucha terre à 11
heures, au bord du bois de Sinn, près de Wertzlur.
Les deux passagers tentèrent vainement de s'échapper ; ils furent entourés par des paysans et faits
prisonniers.

41° Le *Parmentier*, 2.000 mètres cubes, frété
par l'administration des Postes. — Aéronaute,
Paul, marin. — Passagers, MM. Lepère et De bouet.
— Dépêches, 160 kilogrammes. — Pigeons, 4.
Parti de la gare d'Orléans, le 17 décembre à 1 heure

15 du matin ; atterri le même jour, à 9 heures du matin à **Gourgançon**, près de la Fère-Champenoise (Marne) à 150 kilomètres de Paris.

42° Le *Gutemberg*, 2.000 mètres cubes, frété par l'administration des Postes. — Aéronaute, Perruchon, marin. — Passagers, MM. d'Almeida, Lévy et Louisy. — Dépêches, aucune. — Pigeons, 6. Parti de la gare d'Orléans le 17 décembre, à 1 heure 30 du matin ; atterri à 9 heures du matin à Montépreux, près Epernay, à 200 kilomètres de Paris.

43° Le *Davy*, 1.200 mètres cubes, frété par l'administration des Postes. — Aéronaute, Chaumont, marin. — Passager, M. Deschamps. — Dépêches, 50 kilogrammes. — Pigeons, aucun. Parti de la gare d'Orléans, le 18 décembre, à 5 heures du matin ; atterri le même jour, à midi, près de Beaune (Côte-d'Or), à 331 kilomètres de Paris.

44° Le *Genéral-Chanzy*, 2.000 mètres cubes, frété par l'administration des Postes. — Aéronaute, Verecke, gymnaste. — Passagers, MM. l'Epinay, Juiliac et Joufryon. — Dépêches, 25 kilogrammes. — Pigeons, 4. Parti de la gare du Nord, le 20 décembre, à 2 heures 30 du matin, atterri à 10 heures 45 du matin, à Rottembourg (Bavière) à 760 kilomètres de Paris.

Le *Général Chanzy* emportait des appareils de scaphandriers devant être utilisés pour tenter la rentrée dans Paris, en suivant le lit de la Seine. Tombé en pays ennemi, il fut capturé et les passagers faits prisonniers.

45° Le *Lavoisier*, 2.000 mètres cubes, frété par

l'administration des Postes. — Aéronaute, Ledret, marin. — Passager, M. Raoul de Boideffre, officier d'état-major. — Dépêches, 175 kilogrammes. — Pigeons, 6. Parti de la gare d'Orléans, le 22 décembre, à 2 heures 30 du matin ; atterri le même jour à 9 heures du matin, près de Beaufort (Maine-et-Loire), à 290 kilomètres de Paris.

46° La *Délivrance*, 2.050 mètres cubes, frété par l'administration des Postes. — Aéronaute, Gauchet, commerçant. — Passager, Reboul. — Dépêches, 110 kilogrammes. — Pigeons, 4. Parti de la gare du Nord, le 23 décembre, à 4 heures 30 du matin ; atterri le même jour, à 11 heures 45 du matin, près de Laroche-sur-Yon (Vendée) à 450 kilomètres de Paris.

47° Le *Rouget-de-l'Isle*, 2.000 mètres cubes, frété par l'administration des Télégraphes. — Aéronaute, Jahn, marin. — Passagers, MM. Garnier et Glachant. — Dépêches, aucune. — Pigeon, aucun. Parti de la gare d'Orléans, le 24 décembre, à 3 heures du matin ; atterri le même jour, à 9 heures du matin, près d'Alençon (Orne) à 240 kilomètres de Paris.

48° Le *Tourville*, 2.045 mètres cubes, frété par l'administration des Postes. — Aéronaute, Moutet, marin. — Passagers, MM. Miège et Delabre. — Dépêches, 160 kilogrammes. — Pigeons, 4. Parti de la gare d'Orléans, le 27 décembre à 4 heures du matin ; atterri le même jour à 1 heure de l'après-midi à Eymoutiers (Haute-Vienne), à 433 kilomètres de Paris.

49° Le *Bayard*, 2.045 mètres cubes, frété par l'administration des Postes.— Aéronaute, Réginensi,

marin. — Passager, M. Ducoux — Dépêches, 110
kilogrammes. — Pigeons 4. Parti de la gare d'Orléans, le 29 décembre, à 4 heures du matin : atterri
le même jour, à 10 heures du matin, à Lamothe-A-
chard (Vendée), à 466 kilomètres de Paris.

50° L'*Armée de la Loire*, 2.000 mètres cubes, frété
par l'administration des Postes. — Aéronaute, Lemoine. — Passager, aucun. — Dépêches, 250 kilogrammes. — Pigeons, aucun. Parti de la gare du
Nord, le 30 décembre,à 5 heures du matin : atterri
le même jour, à 1 heure de l'après-midi, à 17 kilomètres du Mans, au milieu du camp du général
Chanzy, à 231 kilomètres de Paris.

51° Le *Merlin de Douai*, 2.000 mètres cubes, frété
par le passager. — Aéronaute, Griseaux. — Passager,
M. Tarbé des Sablons.— Dépêches, aucune. — Pigeons,
aucun. — Parti de la gare du Nord le 30 décembre,
à 4 heures du matin ; atterri à 11 heures 45 du matin,
près de Vierzon, à 211 kilomètres de Paris.

52° Le *Newton*, 2.000 mètres cubes, frété par
l'administration des Postes. — Aéronaute, Ours,
marin. — Passager, M. Brousseau, — Dépêches,
310 kilogrammes. — Pigeons 4. Parti de la gare d'Orléans, le 4 janvier, à 4 heures du matin ; atterri le
même jour, à midi, près de Digny (Eure-et-Loire),
à 110 kilomètres de Paris.

53° Le *Duquesne*, 2.000 mètres cubes, frété par
l'administration des Postes. — Aéronaute, Richard,
quartier-maître. — Passagers, MM. Lallemagne, Ay-
mand et Chenin. — Dépêches, 150 kilogrammes. —
Pigeons, 4. Parti de la gare d'Orléans, le 9 janvier,
à 3 heures 15 du matin ; atterri le même jour, à

3 heures, à Berzieux (Marne), à 167 kilomètres
de Paris.

On avait adapté à la nacelle une hélice qui, action-
née par les passagers, devait imprimer au ballon
une direction propre, en dehors de la ligne du vent.
Elle avait été construite d'après les plans de l'amiral
La Brousse.

Lorsque le ballon s'éleva à la gare d'Orléans et
que l'hélice eut été mise en mouvement, l'impression
générale des spectateurs fut, en effet, que l'aérostat
prenait une direction autre que celle du vent ;
mais l'action de l'hélice ne fut pas de longue durée et
le ballon qui, d'après les prévisions devait atterrir en
Suisse, alla tomber dans la Marne, en pleine invasion.

54° Le *Gambetta*, 2.000 mètres cubes, frété par
l'administration des Postes. — Aéronaute, Duvivier,
marin. — Passager, M. de Fourcy. — Dépêches,
240 kilogrammes. — Pigeons, 3. Parti de la gare du
Nord, le 10 janvier, à 4 heures du matin ; atterri
dans l'après-midi, à 2 heures 30, près d'Avallon
(Yonne), à 200 kilomètres de Paris.

55° Le *Kepler*, 2.000 mètres cubes, frété par
l'administration des Postes. — Aéronaute, Roux,
marin. — Passager, M. Dupuy. — Dépêches, 160
kilogrammes. — Pigeons, 3. Parti de la gare d'Orléans
le 11 janvier, à 3 heures 30 du matin ; atterri le même
jour à 10 heures 15 du matin, à Laval (Mayenne),
à 283 kilomètres de Paris.

56° Le *Général-Faidherbe*, 2.000 mètres cubes,
frété par l'administration des Postes. — Aéronaute,
Van Seymortier. — Passager, M. Hurel. — Dépêches
60 kilogrammes. — Pigeons, 2. Parti de la gare du

Nord, le 13 janvier, à 3 heures 30 du matin ; atterri
le même jour, à 2 heures du soir, à Saint-Avid-de-
Soulège, près de Libourne (Gironde), à 577 kilomètres
de Paris.

M. Hurel amenait avec lui cinq chiens que l'on
essaya d'utiliser pour faire pénétrer dans Paris des
dépêches.

57º Le *Monge*, 2.000 mètres cubes, frété par les
passagers. — Aéronaute, M. Raoul. — Passagers,
MM. Guignier et Garnaud. — Dépêches, aucune. —
Pigeons, aucun. Parti de la gare d'Orléans, le 14
janvier, à 1 heure du matin ; atterri le même jour,
à 8 heures du soir, à Arpheuilles, près de Châteauroux
(Indre), à 293 kilomètres de Paris.

58º Le *Vaucanson*, 2.000 mètres cubes, frété par
l'administration des Postes. — Aéronaute, Clariot,
marin. — Passagers, MM. Valade et Delente. —
Dépêches, 75 kilogrammes. — Pigeons, 3. Parti de
la gare d'Orléans, le 15 janvier, à 3 heures du matin ;
atterri le même jour à 10 heures 15 du matin ; à
Erquinghem, près d'Armentières (Nord), à 240 kilomètres de Paris.

59º Le *Steenackers*, 2.000 mètres cubes, frété par
l'administration des Télégraphes. — Aéronaute, M.
Vibert, ingénieur. — Passager, M. Gobron. Dépêches
aucune. — Pigeons, aucun. Parti de la gare du
Nord, le 16 janvier, à 7 heures du matin ; atterri le
même jour, à 11 heures du matin, à Hynd, en Hollande (Zuydersée), à 552 kilomètres de Paris.

Le *Steenackers* emportait comme cargaison deux
caisses de dynamite destinées aux capsuleries militaires. Le voyage fut accompli avec une extrême

rapidité. Pour éviter les projectiles des Prussiens, les voyageurs durent jeter plusieurs sacs de lest et furent portés à une hauteur qu'ils estimèrent être 7.000 mètres. La descente fut doublement périlleuse, par suite de la violence du vent et de la présence des deux caisses de dynamite qui pouvaient faire explosion au moindre choc. Au moment où la nacelle toucha le sol, M. Vibert fut projeté à terre et reçut une des caisses sur les jambes, M. Gobron, en voulant sauter au-dehors, s'embarrassa dans les cordages et fut traîné sur la tête et les mains, sur un parcours de plus de 300 mètres ; il réussit enfin à se dégager 10 mètres avant d'atteindre le rivage de la mer. Le ballon, allégé du poids des voyageurs disparut à l'horizon, et fut retrouvé par des pêcheurs, dans une île située à 10 lieues de la côte.

60° La *Poste-de-Paris*, 2.000 mètres cubes, frété par l'administration des Postes. — Aéronaute, Turbiaux, mécanicien. — Passagers, MM. Clairay et Cavailhon. — Dépêches, 70 kilogrammes. — Pigeons, 3. Parti de la gare du Nord, le 18 janvier, à 3 heures du matin : atterri à 10 heures du matin à Venray, province de Limbourg (Hollande) à 400 kilomètres de Paris.

61° Le *Général-Bourbaki*, 2.000 mètres cubes, frété par l'administration des Postes. — Aéronaute, Mangin Théodore. — Passager, M. Boisenfray. — Dépêches, 180 kilogrammes. — Pigeons, 4. Parti de la gare du Nord, le 20 janvier, à 5 heures du matin ; atterri à 2 heures du soir, à Aumenancourt-le-Grand, à 16 kilomètres de Reims et à 162 kilomètres de Paris. Tombés en pleine occupation prussienne, les voyageurs purent néanmoins sauver leur matériel et leurs dépêches.

62° Le *Général Daumesnil*, 2.000 mètres cubes, frété par l'administration des Postes. — Aéronaute, Robin, marin. — Passager, aucun. — Dépêches, 280 kilogrammes. — Pigeons, 3. Parti de la gare de l'Est, le 22 janvier, à 4 heures du matin, atterri à Charleroi (Belgique), à 277 kilomètres de Paris.

63° Le *Toricelli*, 2.000 mètres cubes, frété par l'administration des Postes. — Aéronaute, Bely, marin. — Passager, aucun. — Dépêches, 230 kilogrammes. — Pigeons, 3. Parti de la gare de l'Est, le 24 janvier, à 3 heures du matin ; atterri à 11 heures du matin, à Fumechon, près de Clermont, dans l'Oise, à 193 kilomètres de Paris. Voyage sans accidents, malgré le voisinage des Prussiens.

64° Le *Richard-Wallace*, 2.000 mètres cubes, frété par l'administration des Postes. — Aéronaute, E. Lacaze. — Passager, aucun. — Dépêches, 220 kilogrammes. — Pigeons, 3. Parti de la gare du Nord, le 27 janvier, à 3 heures 30 du matin; s'est perdu en mer.

A deux heures de l'après-midi, le ballon fut aperçu au-dessus de Niort passant à une faible hauteur. Lacaze demanda où il se trouvait, voulant selon toute probabilité atterrir le plus près possible de Bordeaux, où il apportait la nouvelle de la capitulation de Paris à la Délégation. Il jeta des paquets du Moniteur officiel et remonta. Un peu plus tard, on vit le ballon au-dessus d'Angoulême, où l'aéronaute jeta des paquets du Moniteur et des sacs de lest. On ne sait ensuite ce qui se passa ; mais on croit que le malheureux passager fut foudroyé dans sa nacelle par une attaque d'apoplexie. Le soir, vers 4 heures, on aperçut l'aérostat au large de la Rochelle, se dirigeant vers la pleine mer dans l'immensité de laquelle il a disparu pour toujours.

Lacaze était né en 1840, à Paris. Il s'était engagé pour la durée de la guerre, dans le corps des infirmiers militaires.

Ainsi qu'il a été fait pour le marin Prince, une plaque commémorative relatant la perte du *Richard-Wallace* et la mort de Lacaze, a été apposée à la gare du Nord.

65° Le *Général-Cambronne*, 2.000 mètres cubes, frété par l'administration des Postes. — Aéronaute, Tristan, marin. — Passager, aucun. — Dépêches, 20 kilogrammes. — Pigeons, aucun. Parti de la gare de l'Est, le 28 janvier, à 6 heures du matin ; atterri à 1 heure de l'après-midi, aux environs de Mayenne, à 253 kilomètres de Paris. Ce ballon fut le dernier du siège.

Pour résumer, nous dirons que sur les 65 ballons qui sortirent de Paris, 49 furent frétés par l'administration des Postes, 8 par celle des Télégraphes, 1 par le ministère des Travaux publics, 1 par celui de l'Instruction publique et 6 par des particuliers. Ils emportèrent au-dessus des lignes ennemies 164 personnes, 382 pigeons et plus de 10.000 kilogrammes de dépêches officielles et privées.

Parmi ces 65 ballons, 6 tombèrent en Belgique, 4 en Hollande, 1 en Norwège, 2 en Allemagne, 2 se perdirent en mer, 3 furent capturés par les Prussiens, ce qui, avec les deux tombés en Allemagne, porte à cinq le nombre de ceux pris par l'ennemi. Tous les

autres atterrirent en France, et les passagers réussirent à remplir leur mission après des voyages plus
ou moins accidentés.

Avant de quitter ce chapitre, nous devons parler
des moyens employés par les Prussiens pour atteindre
les ballons qui sortaient de Paris. On raconte que
Bismarck, lorsqu'il aperçut le premier passant au-
dessus de ses lignes, s'écria dans un accès de colère :
« Ce n'est pas loyal ! » Et il jura de faire fusiller les
aéronautes qui tomberaient entre ses mains.

Cependant, par suite de l'élévation du but à
atteindre et des difficultés qui résultent d'un tir
vertical, il faut dire que les balles avaient bien
peu d'efficacité. C'est alors que Bismarck s'adressa
au roi du fer allemand Krupp, et lui confia le soin
de fabriquer un canon spécial avec lequel on pût
atteindre les ballons qui traversaient les lignes.
Krupp imagina un mousquet qui, aussitôt construit
fut expédié en toute hâte à Versailles, où il fut
dit-on, promené triomphalement.

L'engin se composait d'un fort canon monté sur
un support à pivot permettant de le manœuvrer
dans le sens de l'horizontale, en même temps qu'il
pouvait osciller verticalement. On le dirigeait ainsi
à volonté vers tous les points du ciel. Le tout était
monté sur un chariot attelé de deux chevaux.

Plusieurs de ces mousquets furent envoyés à
l'armée assiégeante ; mais leur action ne fut guère
plus efficace que celle des fusils ; car, si la plupart
des aéronautes entendirent siffler les balles autour
d'eux, on a pu voir que trois ballons seulement
tombèrent au pouvoir de l'ennemi.

CHAPITRE III

Les divers moyens de communication

LA COMMISSION DES TRANSPORTS AÉRIENS. — UNE NUÉE D'INVENTEURS. — LES BALLONS DE RETOUR A PARIS. — TENTATIVE DE M. RÉVILLOD ET DES FRÈRES TISSANDIER. — DIVERS MOYENS DE COMMUNICATION AVEC PARIS. — LE CABLE DE FONTAINEBLEAU. — LES BOULES DE M. CASTILLON DE ST-VICTOR. — CELLES DE MM. DELORT, ROBERT ET VONOVEN. — LES GLOBULES DE VERRE DE M. BAYLARD. — LES CHIENS DE M. HUREL. — PAR LES CATACOMBES.

Les ballons partant de Paris apportaient au reste de la France, des nouvelles de la capitale assiégée. On a pu voir que le problème, pour n'être pas dépourvu de difficultés, était cependant très réalisable. On utilisait à peu près tous les courants. Il n'y avait de dangers sérieux que lorsque le vent soufflait vers l'est, c'est-à-dire quand il portait le ballon dans la direction des provinces envahies ou vers l'Allemagne. Dans tous les autres cas, avec un bon aérostat il était parfaitement possible de franchir les lignes d'investissement et d'aller atterrir sur un point suffisamment éloigné pour que les aéronautes fussent en sûreté.

Mais, s'il était relativement facile de sortir de Paris en ballon, il en était autrement lorsqu'il s'agissait d'y rentrer par les mêmes moyens.

A l'heure où s'accomplissaient les événements que nous rapportons ici, les ballons dirigeables étaient loin d'être au point de perfectionnement qu'ils ont atteint aujourd'hui et on peut dire que, à part quelques expériences, restées sans lendemain et sans application pratique, ils n'existaient, pour ainsi dire, que dans l'imagination des inventeurs. Ces derniers vinrent pourtant en grand nombre faire leurs offres à la Délégation et tous assuraient avoir trouvé le moyen infaillible de rentrer dans Paris par ballons dirigeables. Il en arriva de tous les coins de la France et même de l'étranger.

Sans ajouter une confiance absolue en des projets plus ou moins extravagants, il était cependant du devoir du Gouvernement de les examiner. Les circonstances exigeaient en effet, que l'on tint compte de toutes les bonnes volontés qui venaient s'offrir et qui, du reste, étaient pour la plupart complètement désintéressées, n'ayant en vue que la défense de la Patrie. On courrait la chance de mettre la main sur une idée qui eut été une conquête pour la science en même temps que précieuse pour la défense du territoire.

Ce furent ces considérations qui décidèrent le

Gouvernement de la Défense nationale à nommer une commission chargée d'examiner toutes les questions relatives à l'organisation des transports aériens.

Elle était ainsi composée :

MM. Serret, membre de l'Institut, président.

Marié-Davy, astronome météorologiste de l'Observatoire de Paris.

De Taste, professeur de physique au lycée de Tours.

Isambert, professeur de physique au lycée de Poitiers.

Guitteau, préparateur de physique au lycée de Poitiers.

Fron, physicien de l'Observatoire de Paris.

Tissandier, (Gaston) aéronaute.

Rioland (Ernest) avocat.

Duruof-Kervelat, aéronaute.

Silbermann, vice-président de la Société météorologique de France.

Haton de la Goupillière, examinateur à l'Ecole polytechnique.

Cette commission où figuraient des savants notoires et des praticiens exercés eut fort à faire. Il serait impossible de citer l'énorme quantité de projets qu'elle eut à examiner. Un Monsieur avait la prétention de ravitailler Paris au moyen de cent mille montgolfières (1) emportant chacune une tête de bétail ; un autre voulait diriger un ballon

---

(1) Ballon gonflé d'air chaud.

en y attelant dix mille pigeons.Enfin les systèmes de ballons à voiles,à rames et à hélices ; ballons poissons, ballons oiseaux affluèrent de toutes parts. Nous devons dire cependant que malgré la bonne volonté dont elle fit preuve, la commission ne put en retenir aucun, comme présentant des conditions suffisantes de réussite.

Cependant si les ballons dirigeables ne pouvaient être d'aucun secours pour cette raison majeure qu'ils n'étaient pas dirigeables, on crut toutefois devoir tenter la rentrée dans Paris au moyen de ballons ordinaires, et en utilisant comme pour la sortie, la seule force du vent.

Lorsqu'un ballon parti de Paris atterrissait sur un point quelconque du territoire, il était aussitôt dégonflé, roulé et placé dans la nacelle pêle-mêle avec les cordages,le filet et les différents accessoires, puis dirigé sur Tours. L'aéronaute après avoir effectué la livraison de ses dépêches s'y rendait également et devait se mettre à la disposition de la Délégation.

Une première difficulté consistait à trouver un emplacement pour loger le matériel aérostatique. Il est à remarquer, en effet, qu'il est nécessaire de pouvoir suspendre les ballons qui doivent en outre être de temps en temps gonflés d'air afin d'éviter l'adhérence de l'étoffe. Dans le cas contraire,le vernis dont elle est enduite produit une fermentation qui peut amener l'inflammation spontanée et provoquer un incendie. Pour cela il fallait disposer d'un local assez vaste et on réquisitionna en conséquence la salle du nouveau théâtre de Tours qui fut aménagée *ad hoc.*

Il était tout naturel que l'on songeât à utiliser pour
la rentrée dans Paris, un matériel que l'on avait sous
la main et qui devenait de jour en jour plus encom-
brant par l'arrivée continuelle de nouveaux ballons.

M. Gaston Tissandier, sorti de Paris le 30 septembre
avec le *Céleste*, et qui faisait partie de la commission
des transports aériens proposa d'envoyer des aéronautes avec des ballons dans certaines villes possédant une usine à gaz et rapprochées le plus possible
de Paris, telles que, par exemple : Orléans, Chartres,
Evreux, Dreux, Rouen, Amiens.

Les aéronautes placés dans ces diverses stations
se tiendraient prêts à partir aussitôt que le vent
soufflerait dans la direction de Paris.

La capitale présente une étendue assez vaste à
laquelle s'ajoute l'espace compris dans l'enceinte des
forts. Si le ballon était porté dans la bonne direction,
l'aéronaute pouvait effectuer sa descente avant son
arrivée au-dessus des maisons, ou au besoin dans
la ville même. Si les conditions d'atterrissage lui
faisaient défaut, il lui restait la ressource de descendre
à la sortie et même de lancer ses dépêches au passage
S'il manquait la direction, il se laissait aller et conti-
nuait son voyage jusqu'à ce qu'il pût atterrir
en lieu sûr. On voit que ce projet, en somme assez
simple, présentait cependant quelques chances de succès. Il fut décidé de faire quelques tentatives dans
ce sens.

On fit réparer les meilleurs ballons que l'on possédait, et comme à ce moment on ne disposait encore
que d'un petit nombre, M. Gaston Tissandier fut

envoyé à Lyon pour se procurer de la soie afin d'en construire de nouveaux. Un atelier de réparations et de construction sous la direction de MM. Duruof et Mangin fut établi dans un des foyers du théâtre de Tours.

En peu de jours les préparatifs furent terminés, et MM. Gaston et Albert Tissandier, Révillod et Mangin qui, tous, étaient sortis de Paris en ballon furent sur leur demande, chargés par M. Steenackers de faire des essais de retour. M. Révillod fut désigné pour effectuer le premier départ et c'est à Chartres qu'il devait avoir lieu.

Dans ce but, il se rendit avec un ballon dans cette ville, le 18 octobre accompagné de MM. Mangin et Petit qui devaient l'aider au gonflement. Le 20 le vent soufflait dans la direction de Paris. Le ballon fut aussitôt gonflé, mais incomplètement, car le gaz nécessaire manquait, quoique l'on eût suspendu l'éclairage pendant toute la nuit précédente. M. Tissandier arriva à dix heures avec les dépêches du Gouvernement. A deux heures tout était prêt, M. Révillod prit place dans la nacelle où se trouvaient déjà 100 kilogrammes de dépêches à destination de Paris.

Cependant le vent soufflait avec une extrême violence. Il était impossible d'équilibrer le ballon qui, sous les coups de la rafale était couché parfois jusqu'à terre. M. Tissandier qui voit le danger que va courir l'aéronaute lui conseille de différer son départ; mais Révillod ne veut rien entendre, lorsque à ce moment un courrier arrive, apportant un pli du colonel Duval, commandant d'Eure-et-Loir, invitant l'aéro-

naute à partir tout de suite, s'il ne veut pas que son
ballon tombe au pouvoir des Prussiens.

M. Révillod, voulant savoir ce qui se passe, se
rend chez le colonel, qu'il trouve en train de brûler
ses papiers et qui lui donne l'ordre formel de partir
ou de brûler son ballon ainsi que les dépêches du
Gouvernement.

Décidé à tout faire pour remplir sa mission,
au risque de se briser contre les maisons ou les arbres,
Révillod revient à son ballon, mais pendant son
absence, celui-ci malgré les quarante marins qui le
retenaient avait été projeté contre un arbre ; une
large déchirure s'était produite près de la soupape
et tout le gaz s'était échappé.

Malgré l'ordre du colonel, l'aéronaute ne peut
se résoudre à brûler son ballon ; il veut à tout
prix le sauver. La tâche est difficile ; les trains
sont arrêtés, les Français ont évacué Chartres,
les Prussiens sont aux environs et la nuit arrive.
Toutefois, on apprend que la route de Dreux est
encore à peu près libre. On finit par trouver deux
voitures sur lesquelles le matériel fut placé, et, à
la faveur de la nuit, revolver au poing, tout l'équi-
page se mit en marche pour Dreux où l'on arriva
à deux heures du matin.

A Dreux, il fut impossible de faire aucune tentative car le gaz manquait. Révillod dut rentrer à
Tours. Il se rendit ensuite au Mans, puis à Amiens,.
sans pouvoir rencontrer un vent favorable.

Cependant Albert Tissandier était revenu de
Dijon, où il était allé chercher le ballon le *Jean-
Bart*, avec lequel il devait, en compagnie de son frère,

tenter le retour à Paris. Les deux frères se rendirent à Rouen où l'on avait décidé d'effectuer le départ. Le ballon fut gonflé et mis en état avec l'aide des facteurs de la poste, et l'on se tint prêt à partir au premier vent propice.

Le 7 au matin, un marin, chargé d'observer la direction du vent, accourt annoncer que les nuages marchent exactement dans la direction de Paris. MM. Tissandier frères décident aussitôt de partir. Une dépêche de l'inspecteur des Télégraphes à Rouen en avertit M. Steenackers qui répond presqu'aussitôt : « Dites à Tissandier de partir et de dire à Paris, à nos amis, que nous sommes prêts à mourir tous pour sauver l'honneur du pays ».

Le départ a lieu à 11 heures. Le ballon atteint en peu de temps l'altitude de 1.200 mètres et se dirige, en effet, en droite ligne sur Paris. Peu à peu, une brume épaisse enveloppe les aéronautes et leur cache entièrement la vue de la terre. N'ayant plus aucun point de repaire, ils ne savent sur quels endroits ils passent et ignorent de même si la direction qu'ils suivent est la bonne.

Après un voyage de trois heures, ils se décident à descendre pour essayer de se reconnaître. Ce parti n'était pas sans danger, car ils pouvaient tomber au milieu des Prussiens. Il n'en fut rien, heureusement, mais leur tentative avait échoué, car le vent ayant changé de direction les avait portés à Pose, près des Andelys.

Le ballon fut remorqué, tout gonflé, jusqu'à Romilly-sur-Andelle, et là, solidement amarré dans une prairie, il passa la nuit veillé par des gardes nationaux.

Le lendemain, ayant récupéré le gaz perdu, les frères Tissandier firent un nouvel essai ; mais le vent avait complètement tourné et les portait cette fois vers la Manche. Obligés de descendre, ils s'abattirent près de Heurteauville, au milieu de la Seine, où ils furent recueillis par des mariniers. Le ballon dut être dégonflé et ramené à Rouen. Les deux aéronautes attendirent jusqu'au 17 un vent favorable. Celui-ci n'étant pas venu, ils regagnèrent Tours le 18, sans avoir pu remplir leur mission.

Les ballons, au moyen desquels Paris avait pu donner de ses nouvelles au reste de la France, étaient impuissants à pénétrer dans la capitale assiégée. Les tentatives dans ce sens ne furent pas renouvelées ; il fallut essayer d'autres moyens.

Sans entrer dans des détails qui nous entraîneraient trop loin, nous croyons toutefois, devoir signaler quelques-uns des systèmes qui furent proposés au Gouvernement de la Défense à Paris et à la Délégation à Tours. La plupart ne furent même pas essayés ; quant aux autres ils eurent des résultats négatifs.

M. Steenackers et M. Rampont ne négligèrent aucun des moyens qu'il était en leur pouvoir d'utiliser. Il faut le dire à leur louange, tous leurs efforts se portèrent à assurer les communications, même par les systèmes les plus nouveaux et les plus extraordinaires, et ils ne firent jamais la sourde oreille à ceux qui venaient leur soumettre les projets les plus étranges et les plus utopiques.

La traversée des lignes ennemies par des messagers était d'une extrême difficulté, par suite du rapprochement des postes et des sentinelles qui exploraient tous les replis de terrain, tous les sentiers, tous les ravins par où un homme aurait pu se défiler. Il était par conséquent impossible de compter sur ceux qui volontairement, risquaient leur vie pour pénétrer dans Paris.

Après la rupture du câble de la Seine, on fit des tentatives pour utiliser celui qui existait depuis quelque temps déjà sur la route de Paris à Fontainebleau et qui se raccordait aux fils aériens du chemin de fer à Juvisy. Il fallait pour cela creuser une tranchée en travers de la route, afin de retrouver le câble et d'y souder un fil mince, facile à dissimuler, qui permettrait de communiquer avec Paris.

Cette opération présentait de grands dangers par suite de la présence des Prussiens et de l'étroite surveillance qu'ils exerçaient.

M. Steenackers s'adressa à Paris pour demander un agent des Télégraphes remplissant les conditions d'intelligence et d'audace nécessaires à l'accomplissement d'une mission aussi délicate. On lui désigna M. Lemercier de Jauvelle.

Ce dernier partit le 4 novembre, à bord du *Ferdinand-Flocon* qui atterrit à Châteaubriant.

M. Lemercier de Jauvelle se rendit à Tours où il reçut les instructions nécessaires. Il partit de cette ville le 8 novembre, emportant 600 mètres de fil recouvert de gutta-percha, une pile et un parleur.

Il arriva à Juvisy le 11, et tenta aussitôt d'opérer le raccordement ; mais étant obligé d'opérer sous

6

les yeux même de l'ennemi, il ne put y réussir.
Il n'abandonna toutefois son projet que lorsque il
eut la certitude que toute tentative était inutile,
par le fait que les Prussiens avaient coupé le câble
près de Villejuif.

Nous verrons plus loin comment M. Lemercier
de Jauvelle sut se rendre utile en interceptant les
communications télégraphiques de l'ennemi.

Parmi les moyens curieux, citons celui proposé
par un Anglais qui voulait installer une ligne télégraphique aérienne au moyen de deux ballons captifs. Une des extrémités du fil serait fixée à un ballon
maintenu au-dessus de Paris, à une hauteur de plusieurs kilomètres. Un autre ballon libre emporterait
le fil qui se déroulerait au fur et à mesure. Puis,
lorsque ce ballon aurait franchi les lignes d'investissement, il serait comme le premier amarré solidement. Le fil maintenu ainsi au-dessus des Prussiens
permettrait de communiquer en permanence avec
Paris. Ce projet original qui serait peut-être possible
sur une petite distance, ne saurait certainement
être réalisé sur 100 ou 150 kilomètres comme cela
eut été nécessaire. Il se trouva cependant des journaux qui le patronnèrent et qui firent un grief au
Gouvernement de ne pas l'avoir tenté.

On songea également à utiliser la voie de la Seine.
Dans la nomenclature des ballons sortis de Paris,
nous avons pu voir que le *Général-Chanzy*, qui partit le 20 décembre, emportait des appareils de
scaphandrier qui devaient être utilisés à tenter
le retour par le lit du fleuve. On a vu que le ballon
atterrit en Bavière, où il fut capturé et les aéronau-

tes faits prisonniers. Ce système ne fut donc pas essayé. Il est à peu près certain, du reste, qu'il eût échoué, car on ne voit pas bien comment un homme à cette époque de l'année, par un froid rigoureux, aurait pu rester assez longtemps sous l'eau pour effectuer le trajet nécessaire.

Dès le commencement du siège, M. Castillon de Saint-Victor avait proposé à M. Steenackers un appareil assez ingénieux propre à réaliser le problème.

Le système consistait en des boules creuses de métal, ayant 40 à 50 centimètres de diamètre. Elles seraient remplies de correspondances et équilibrées de manière à flotter entre deux eaux. Une horloge, que l'on réglait comme un réveil, devait au bout d'un temps calculé d'après la distance à parcourir et la vitesse du courant, déclancher un ressort à boudin qui repoussait au dehors un petit drapeau tricolore, sur lequel étaient inscrits ces mots : « A porter à l'Hôtel de Ville ». Ce drapeau était destiné à attirer l'attention des guetteurs placés pour explorer la Seine dans la partie de son parcours comprise entre les limites de l'enceinte.

Le système de M. Castillon de Saint-Victor ne fut pas employé, car on avait acquis la certitude que la Seine était barrée en amont et en aval de Paris, par des filets que les Prussiens avaient établis en travers du fleuve et qui ne laissaient passer entre leurs mailles étroites aucun objet solide.

Si les boules flottantes de M. Castillon de Saint-Victor ne furent pas même expérimentées, il n'en fut pas ainsi de celles imaginées à Paris par MM. Delort, Robert et Vonoven.

Ces messieurs se faisaient forts, au moyen de leur appareil, de transporter des correspondances par le lit de la Seine.

Des boules creuses en zinc seraient remplies de correspondances et confiées au cours du fleuve, en amont de Paris et aussi près de la capitale que les Prussiens le permettraient. Ces boules au lieu de flotter près de la surface de l'eau comme celles de M. Castillon de Saint-Victor, rouleraient au fond du fleuve. Elles avaient 25 centimètres de diamètre et étaient garnies d'ailettes.

MM. Delort, Robert et Vonoven proposèrent leur système à l'administration des Postes. M. Rampont fit faire à Paris des essais qui, sans donner des résultats absolument concluants, firent cependant entrevoir quelque chance de succès. Du reste, la confiance est communicative, et les inventeurs tenaient leur système pour infaillible.

A la suite de ces expériences, un traité fut passé entre l'administration et MM. Delort, Robert et Vonoven. En voici la teneur intégrale : (1)

TRAITÉ

Entre M. Germain Rampont, directeur général des Postes,

M. Edouard Béchet, administrateur.

M. Alfred Besnier, administrateur.

Et MM. Vonoven, Delort et E. Robert il est convenu ce qui suit :

(1) D'après des documents puisés à la bibliothèque de l'Administration centrale des Postes.

ARTICLE PREMIER

MM. Vonoven, Delort et E. Robert s'engagent
à expédier par eau au moyen de sphères, dont ils
sont propriétaires et inventeurs, les lettres ordinaires, ainsi que les dépêches-lettres et les dépêches-
réponses photographiées qui pourront leur être
confiées dans les départements pour être expédiées
à Paris.

ARTICLE 2.

Pour se couvrir des risques de leur entreprise,
MM. Vonoven, Delort et E. Robert percevront
directement ·

Des expéditeurs .

1 franc par lettre close du poids de 4 grammes.

De l'administration des Postes :

25 centimes par dépêche-lettre photographiée.
5 centimes par dépêche-réponse photographiée.

ARTICLE 3.

Les lettres ordinaires, les dépêches-lettres, les
dépêches-réponses transportées par MM. Vonoven,
Delort et E. Robert devront être affranchies en timbres-poste conformément aux tarifs en vigueur.

ARTICLE 4

MM. Vonoven, Delort et E. Robert se sont offerts
et s'engagent à effectuer gratuitement le transport
des dépêches politiques.

Paris, le 6 décembre 1870.

Ont signé :

> MM. RAMPONT, BÉCHET, BES-
> NIER, VONOVEN, DELORT et
> E. ROBERT.

Approuvé le ministre des Finances

Signé : Ernest PICARD »

La Délégation, par un décret rendu en date du
26 décembre suivant, devait modifier les conditions de ce traité ; voici dans quel sens :

Décret du 26 décembre 1870 sur l'emploi des
boules flottantes :

« Les lettres de la France et de l'Algérie que le
« public voudra confier à ce système devront être
« affranchies au moyen de timbres-poste repré-
« sentant une taxe de 1 franc.
« Leur poids maximum est fixé à 4 grammes.
« Elles seront centralisées dans un bureau de
« poste à déterminer par l'administration.

« La somme d'un franc perçue pour le port de
« chaque lettre sera acquise, savoir :

« Pour 20 centimes à l'administration des Télé-
« graphes et des Postes.

« Et pour 80 centimes aux inventeurs du sys-
« tème ; moitié leur sera payée au moment de la
« remise en leurs mains de chaque lettre, et moitié
« portée à leur crédit ou payée à leur repré-
« sentant à Paris, par le receveur principal de
« la Seine, à la réception de chaque lettre à
« Paris ».

MM. Delort et Robert se rendirent en province
avec le ballon le *Denis-Papin* qui atterrit près du
Mans. Ils se fixèrent à Moulins, où furent centralisées les correspondances à destination de Paris.
Ces lettres portaient comme suscription « à Paris,
par Moulins (Allier) ».

M. Vonoven était resté à Paris pour surveiller
l'arrivée des boules. Des filets devant les arrêter
avaient été disposés à Port-à-l'Anglais.

Le service commença le 4 janvier. Les quatre
premières boules furent lancées à Bray-sur-Seine,
les autres à Thomery ou au pont de Sanois. 55
boules contenant en tout 40 mille correspondances
furent ainsi confiées au cours de la Seine. Aucune
ne parvint à Paris, et les filets de Port-à-l'Anglais
furent chaque jour relevés en vain. Il est possible
que les barrages établis par les Prussiens les arrêtèrent ; car après l'armistice une de ces boules contenant 700 correspondances fut recueillie à Paris.
Une autre fut trouvée à l'embouchure de la Seine.

Elle contenait 800 lettres qui furent remises à leurs destinataires.

Pendant que nous sommes sur le chapitre des boules nous devons signaler le système fort ingénieux imaginé par M. Baylard, commis à l'Hôtel de Ville.

Il consistait en des petites boules de verre soufflées, dans lesquelles on introduisait les correspondances, et qui, confiées au courant de la Seine, ressemblaient à s'y méprendre à ces bulles légères qui se forment à la surface de l'eau. Elles avaient l'avantage d'être peu coûteuses, et aussi celui de pouvoir échapper plus facilement aux filets prussiens, grâce à leur petite dimension.

M. Reboul qui partit avec la *Délivrance*, le 23 décembre, emportait une assez grande quantité de ces globules. Quelques-unes furent utilisées, mais aucune ne parvint, ayant été arrêtées par les glaces. On en retrouva quelques-unes après l'armistice.

Un inventeur, M. Delente, soumit dans le courant du mois de janvier, à l'administration des Postes, les plans d'un bateau sous-marin au moyen duquel il s'engageait à faire parvenir à Paris, les lettres de la province. M. Delente partit à bord du *Vaucanson*, muni de ses plans et de lettres l'accréditant auprès de la Délégation ; mais par suite de la fin des hostilités, il ne put construire son appareil.

On avait essayé d'utiliser jusqu'à des chiens de berger. M. Hurel, sorti de Paris, le 13 janvier, avec le ballon, *Le Général Faidherbe*, avait amené avec lui cinq de ces animaux qui lui servaient à conduire des bestiaux dans Paris, et qui, par conséquent connaissaient le chemin. Aucun d'eux n'y parvint ; on ne revit plus les pauvres bêtes, tombées sans doute sous les balles, ou égarées dans la neige.

Signalons également la tentative infructueuse faite par MM. Imbert, Roche, Peney, Fontaine, et Leblanc, qui croyaient pouvoir établir une communication par les catacombes, débouchant aux environs de Paris par une issue secrète connue seulement d'eux.

Les bois flottants dans lesquels on enfermait les dépêches n'eurent pas plus de succès. Les Prussiens éventaient tous les moyens imaginables, et les bûches recueillies par eux dans la Seine et la Marne, étaient avant d'être brûlées, réduites à l'état d'allumettes.

Tous ces moyens devaient échouer, il était réservé aux pigeons, ces oiseaux de paix que le hasard des évènements avait changés en messagers de guerre, de réussir là, où l'homme, malgré son courage et son habileté, restait absolument impuissant.

CHAPITRE IV

Les pigeons voyageurs et les dépêches microscopiques

―――――

―――――

Nous avons pu voir que la plupart des ballons qui sortaient de Paris emportaient avec eux des pigeons voyageurs. C'est sur ces charmants oiseaux que l'on comptait surtout pour faire pénétrer dans Paris des nouvelles du reste de la France, et l'on verra que, malgré l'imperfection d'une organisation improvisée, grâce à ces intelligents auxiliaires, on évita à la vailante cité la famine des nouvelles qui, plus que la famine des vivres, n'eût pas tardé à énerver et à vaincre la résistance de ses habitants.

L'idée de se servir des pigeons pour porter des messages se perd dans la nuit des temps, comme disent les historiens. Chacun connaît l'histoire de la colombe de l'arche rapportant à Noé le rameau d'olivier. Si cette aimable légende n'est qu'une fiction, elle indique pourtant que, dès la plus haute antiquité on connaissait l'instinct qui porte ces oiseaux à revenir à leur colombier et que l'on avait songé à l'utiliser.

Pline raconte qu'au siège de Modène , Brutus, enfermé par Antoine, se servait de pigeons pour faire parvenir des dépêches aux consuls romains. Chez les souverains de l'Egypte et de la Syrie, la poste aux pigeons fonctionnait, dit-on, régulièrement.

En 1775, la ville de Leyde, assiégée par les Espagnols, était à bout de résistance. On parlait déjà de se rendre lorsqu'un pigeon apporta un message annonçant que les digues qui retenaient les eaux de la Meuse et de l'Issel étaient sur le point d'être percées et que les eaux allaient envahir les environs de la ville, en même temps qu'une flottille de bateaux plats porteraient des vivres aux habitants. Les défenseurs, à une dernière sommation de se rendre répondirent qu'après avoir mangé leur bras gauche, ils se défendraient encore de leur bras droit. Francisco de Valdès, qui commandait les troupes assiégeantes, irrité de cette fière réponse, allait donner un dernier assaut quand l'inondation l'obligea à lever le siège.

On dit également que l'origine de l'immense

fortune des Rotschild qui remonterait à la
bataille de Waterloo, aurait eu pour cause première l'emploi de ces messagers. Grâce à un service
de pigeons, ils connurent la défaite de l'armée française trois jours avant le gouvernement anglais.
Pendant ce temps, ils achetèrent à vil prix sur les
marchés de Londres des valeurs qui bénéficièrent d'une
hausse considérable aussitôt que le résultat de la
bataille fut connu (1).

On croit que récemment encore, certains spécula-
teurs du jeu des courses se servaient de pigeons
pour faire parvenir le résultat à des partenaires qui
pouvaient ainsi à la denrière minute, jouer à coup
sûr, en attendant la nouvelle par le télégraphe.

D'après ce qui précède, on comprend qu'il était
assez naturel de songer aux pigeons pour porter des
dépêches dans Paris assiégé, alors que tous les autres
moyens étaient impraticables.

Mais si l'idée première existait depuis longtemps,
ce fut M. Ségalas, le mari de Mme Anaïs Ségalas connue
par ses poésies, qui eut le premier l'idée de l'organisation d'un service par pigeons.

Dès le 5 septembre, c'est-à-dire dès le lendemain
de !a proclamation de la République, il alla trouver
M. Steenackers et lui proposa d'enfermer une certaine
quantité de ces oiseaux dans la tour qui domine
l'Hôtel de l'Administration centrale des Télégraphes,
située rue de Grenelle, nº 103. Le nouveau directeur
qui, dans son enfance, avait assisté à de nombreux
lancers de pigeons porteurs de dépêches accueillit

(1) D'après Ternant, Les Télégraphes, Hachette, Paris.

la proposition avec empressement. Il donna à M.
Ségalas les autorisations nécessaires afin que ce
dernier pût réunir le plus grand nombre possible
de ces messagers, dont on prévoyait l'utilisation
prochaine. C'est ainsi que M. Steenackers, lorsqu'il
se rendit à Tours emporta un lot de pigeons qui
lui permirent de communiquer avec Paris, dans les
premiers jours du siège, et aussitôt que les autres
voies eurent été coupées.

En outre, il existait à Paris, une société colombophile, l' *Espérance*, dont le bureau était ainsi composé :
président : M. Cassiers ; vice-président : M. Van
Roosebecke ; secrétaire : M. Dérouard ; trésorier :
M. Traclet. Ces messieurs se mirent aussitôt à la
disposition du Gouvernement. MM. Cassiers, Van
Roosebecke et Traclet se rendirent par ballon à
Tours, où ils furent chargés par la Délégation des
soins à donner aux pigeons et du lancer. M. Dérouard
resta à Paris, où il eut pour mission de recruter les
pigeons que l'on pouvait trouver et de surveiller les
colombiers.

Chaque fois qu'il arrivait de Paris une cage de
pigeons, aussitôt après la descente du ballon, ces animaux étaient dirigés sur Tours avec les dépêches du
Gouvernement, par les moyens les plus rapides.

M. Steenackers avait dû se préoccuper de leur
aménagement, M. Duruel, préfet d'Indre-et-Loire
avait mis à la disposition du Directeur général, une
vaste pièce dont on avait enlevé les meubles. Les
fenêtres avaient été garnies de grillages et on avait
disposé des perchoirs contre les murs ; en outre,
des bassins en zinc avaient été placés dans la pièce

afin que les pigeons pussent se baigner à leur aise. Ces précautions n'étaient pas superflues, car les braves messagers, quand ils arrivaient, avaient grand besoin de trouver un refuge confortable. Ils étaient, la plupart du temps, exténués par le voyage, ayant été, à la descente du ballon et pendant le transport en chemin de fer ballottés dans leur cages.

Aussitôt qu'ils étaient lâchés dans le salon, leur première occupation était de procéder à leur toilette Ils se précipitaient dans leurs baignoires et se lavaient toutes les parties du corps ; ensuite ils se nettoyaient avec une minutie qui ferait rougir bien des représentants de l'espèce humaine. Ces soins de propreté duraient parfois pendant des heures, et ce n'est que lorsque chaque plume avait été soigneusement inpectée que les pigeons consentaient à manger et à dormir.

Les premiers envois de pigeons furent exclusivement réservés au service de la Délégation. Les dépêches chiffrées étaient écrites à la main, sur du papier très mince, mais d'un seul côté. Comme le bagage d'un pigeon devait être d'une grande légèreté, la transmission de ces dépêches en nécessitait un grand nombre, d'autant plus que l'on devait envoyer les mêmes dépêches en plusieurs expéditions par suite de l'incertitude où l'on était de l'arrivée des messagers.

Oı ne pensait pas pouvoir étendre au public la faculté de communiquer avec Paris, lorsque M. Barreswil, chimiste éminent, suggéra l'idée de réduire les dépêches par la photographie. Voici comment on procédait. Les dépêches étaient préalablement écrites à la main avec beaucoup de soin et en

gros caractères, puis collées sur des feuilles de cartons
de manière à de pas perdre d'espace. Les cartons
étaient ensuite assemblés sur des panneaux en bois
de 1 mètre de hauteur sur 65 centimètres de largeur.
Chaque panneau était reproduit par la photographie
et l'épreuve sur papier sensible avait 4 centimètres
sur 6, ce qui portait la réduction au 1/300e environ.

Après avoir été vérifiées à la loupe, les épreuves
étaient livrées à M. Steenackers qui les faisaient
expédier sans retard.

Nous devons dire ici que, par un décret du 12
octobre, la Délégation avait réuni entre les mains de
M. Steenackers les deux services des Postes et des
Télégraphes. Les raisons qui avaient motivé cette
décision sont faciles à comprendre. M. Rampont, enfermé dans Paris, ne pouvait continuer à diriger
en province un service aussi important. De plus,
les deux administrations qui, jusque-là avaient été
complètement séparées étaient appelées à collaborer
à la défense du territoire et pour que leur action
fut plus efficace devaient être réunies dans les mêmes
mains. Cette décision provisoire ne faisait du reste
qu'anticiper de quelques années la réunion défi-
nitive des deux administrations.

Le résultat excellent obtenu par la reproduction
photographique des dépêches eut comme conséquence de pouvoir étendre aux particuliers la faculté
de correspondre avec Paris par pigeons.

Par un arrêté du 4 novembre 1870, la Délégation,
sur la proposition du Directeur général, décidait
que toute personne résidant sur le territoire de la République était autorisée à correspondre avec Paris

par les pigeons de l'administration des Télégraphes
et des Postes.

La taxe des dépêches particulières était fixée à
50 centimes par mot, et le maximum de mots par
dépêches ne devait pas dépasser le nombre de vingt.

Elles devaient être rédigées en français, en langage
clair et intelligible, sans aucun signe ou chiffre
conventionnels, et ne contenir que des communications d'ordre privé. L'Etat ne garantissait pas, du
reste, l'arrivée des dépêches et ne remboursait la
taxe dans aucun cas.

Les correspondances à destination de Paris étaient
reçues dans tous les bureaux de Postes et de Télégraphes. Elles étaient ensuite centralisées à Tours
d'où, après avoir été reproduites photographiquement
par les mêmes procédés que nous avons indiqués, elles
étaient dirigées à Paris par les soins de la Direction
des Télégraphes et des Postes au fur et à mesure qu'elle
disposait des moyens suffisants.

On se fera facilement une idée de l'accueil que le
public fit à la décision de la Délégation. Les correspondances à expédier à Paris par pigeons affluèrent
en quantité énorme de tous les coins de la France.
Paris qui pouvait envoyer des lettres à la province
par ballons, éprouvait une véritable famine morale.
Depuis sept semaines, il n'y était parvenu que des
dépêches officielles qui, on le comprendra, n'étaient
pas toujours communiquées au public. Les habitants
de la capitale allaient donc recevoir enfin des nouvelles de leurs parents et amis de province.

L'administration des Postes et des Télégraphes,
malgré la quantité prodigieuse de dépêches qui lui

arrivaient, eut à honneur de tenir ses engagements
envers le public et dut chercher à perfectionner ses
moyens. Tout d'abord, il lui fut nécessaire d'appeler
auprès d'elle un personnel sinon expérimenté, du
moins possédant quelques connaissances techniques
propres à lui faciliter sa tâche :

Ce personnel qui, pendant toute la durée du siège,
accomplit les devoirs de sa mission avec le plus grand
courage était ainsi composé.

MM. Feillet (Adolphe), chef du service de correspondances extraordinaires ; De Lafollye, inspecteur
des lignes télégraphiques, chargé du service des dépêches par pigeons voyageurs ; Blay, (Georges) et
David (Auguste) chargés du lancer des pigeons ;
Cassiers (Edouard), Traclet (Gustave), Van Roosebecke (Louis), Thomas (Prosper), chargés du soin
des pigeons, du service des expéditions et du lancer.

M. Steenackers avait, à la date du 15 octobre,
désigné d'abord pour diriger le service des correspondances extraordinaires, M. Eugène Godeaux. Celui-ci
était directeur de la compagnie du touage et transport
de la Seine, et, en cette qualité avait été chargé de
l'immersion du câble dont nous avons parlé au commencement de cet ouvrage. Lorsque, un peu plus
tard, M. Steenackers eut besoin d'un homme capable
pour mettre à la tête du service de communication
par moyens extraordinaires, il songea à M. Godeaux.

Cependant cette nomination, toute justifiée qu'elle
fût, provoqua une émotion des plus vives tout le
long de la Seine, où M. Godeaux était connu pour
un protégé de l'Empereur. Il était, en effet, neveu
de M. le baron Thélin, trésorier de la cassette par-

7

ticulière de Napoléon et un de ses anciens compagnons d'exil. Cette circonstance obligea M. Steenackers à se séparer de M. Godeaux. Il avoue, dans son livre sur les Télégraphes et les Postes pendant la guerre de 1870-1871 (1), l'avoir fait à regret, car il avait reconnu en lui un chef intelligent et dévoué, et dont rien ne pouvait faire suspecter le patriotisme.

Il fit alors appel à M. Octave Feillet, qui, après avoir été son professeur d'histoire au collège, était devenu son ami. M. Feillet surpris en province par la guerre, s'était rendu auprès de son ancien élève et avait sollicité un poste où il pourrait se rendre utile à la défense de la Patrie. M. Steenackers lui confia celui de M. Godeaux.

M. Feillet n'avait pas seulement la direction du service par pigeons, mais encore celle du service des aérostiers militaires et de tous les moyens susceptibles d'être employés pour assurer les communications officielles et privées.

M. de Laffollye était inspecteur des lignes télégraphiques ; il avait certaines connaissances sur l'art de la photographie. Ce furent ces qualités qui le désignèrent à M. Steenackers. Sa mission consistait à surveiller la composition et la photographie des dépêches ; puis à les vérifier à la loupe. Il a fait sur le service qu'il a dirigé un rapport très complet. C'est dans ce rapport que nous avons puisé la plupart des renseignements sur la reproduction photographique des dépêches.

(1) Paris, 1883, G. Charpentier, éditeur.

MM. Blay et David étaient chargés du lancer des pigeons. Pour augmenter les chances d'arrivée, ils devaient opérer le plus près possible de Paris. Ils accomplirent leur service avec un grand dévouement, et exposèrent bien souvent leur vie dans l'accomplissement de leur délicate mission.

Ils furent tous les deux faits chevaliers de la Légion d'Honneur.

MM. Cassiers, Van Roosebecke, Traclet et Thomas étaient des colombophiles qui s'étaient offerts à la Délégation. Ils étaient chargés des soins à donner aux pigeons et de coopérer au lancer.

Ce personnel était vêtu d'un costume d'uniforme, pour des raisons que chacun comprendra. L'uniforme conférait à ceux qui en étaient porteurs, la qualité de belligérants, et au cas où ils auraient été pris par l'ennemi, ils avaient des chances de ne pas être traités en espions et fusillés. D'un autre côté, cet uniforme leur permettait de circuler librement à travers les lignes françaises, ce qui leur eût été difficile en costume civil, malgré toutes les autorisations dont ils étaient porteurs.

Au nombre des dépêches expédiées par pigeons s'étaient trouvés des extraits du *Moniteur officiel* On put constater que la réduction des caractères typographiques était de beaucoup plus nette que celles des dépêches écrites à la main. On en conclut naturellement que si l'on pouvait, au préalable, imprimer les correspondances, les épreuves photographiques pourraient être encore sensiblement réduites, le bagage des pigeons serait ainsi augmenté sans que leur charge fût pour cela plus grande.

La grande affluence des correspondances décida l'administration à avoir recours à ce moyen. Les dépêches étaient imprimées en caractères typographiques n° 9, sur des feuilles de 87 centimètres de haut sur 23 de largeur et divisées en trois colonnes compactes ; les feuilles groupées par quatre étaient ensuite reproduites par la photographie sur les deux faces du papier.

L'impression fut exécutée par l'imprimerie Mame, et la reproduction photographique par M. Blaise, photographe à Tours. La maison Mame, ainsi que M. Blaise, apportèrent dans ces différents travaux un zèle et une habileté qui n'eurent d'égal que leur désintéressement, car il faut dire à leur louange qu'ils ne demandèrent au Gouvernement que le strict remboursement de leurs frais.

Du 10 novembre, où le service public commença à fonctionner jusqu'au 10 décembre, époque où la Délégation se transporta à Bordeaux, il fut expédié à Paris par pigeons, 16 épreuves reproduisant 64 feuilles d'imprimerie contenant ensemble 9.800 dépêches privées de 16 mots en moyenne chacune. Il faut joindre à ce nombre 43 épreuves de télégrammes officiels, ce qui porte à 59 le nombre d'épreuves exécutées par M. Blaise. La plupart de cette correspondance parvint à Paris, apportant à la grande cité prisonnière un peu de consolation et d'espérance au milieu des tourments de sa captivité.

Le service de la poste aérienne fonctionnait donc régulièrement, lorsqu'un habile photographe de Paris, M. Dagron, proposa à M. Rampont un système de reproduction photographique des dé-

dépêches, permettant une réduction beaucoup plus grande encore que celle que l'on avait obtenue jusqu'alors.

Chacun connaît ces photographies microscopiques que l'on enchâsse dans certains objets usuels, tels que couteaux, canifs, porte-plumes, bijoux, etc. Ces photographies, vues à l'œil nu, ne présentent qu'une tache à peine visible ; mais, si on les regarde à travers la petite lentille de verre dont elles occupent le foyer, l'image apparaît alors avec une grande netteté. C'est par un système analogue que M. Dagron comptait reproduire les dépêches sur pellicules au moyen d'un procédé de son invention.

L'administration des Postes de Paris passa avec M. Dagron, à la date du 11 novembre, un marché en vertu duquel M. Dagron obtenait le monopole de l'expédition des dépêches photo-microscopiques à confier aux pigeons-voyageurs. Il devait, dans ce but, s'installer à Clermont-Ferrand, où serait centralisé le service des dépêches qui se faisait à Tours, et dont M. Steenackers avait la direction.

M. Dagron partit de Paris, ainsi que nous l'avons vu dans un chapitre précédent, le 12 novembre, à bord du ballon le *Niepce*. Il était accompagné de deux collaborateurs, M. Poisot, peintre, son gendre, et M. Fernique, ingénieur. Le voyage fut malheureux. La plupart des appareils et produits que M. Dagron emportait avec lui furent pris par les Prussiens, auxquels les voyageurs n'échappèrent eux-mêmes qu'avec peine.

Nous n'avons pas à examiner ici les raisons qui avaient décidé l'administration des Postes de Paris

à confier à un particulier un service aussi important ;
nous dirons seulement que la Délégation de Tours,
qui avait réuni les deux services des Télégraphes
et des Postes se refusa à ce qu'une administration
nouvelle s'établit en dehors de son contrôle et complètement indépendante. Mais, si elle s'opposa à
ce que M. Dagron s'installât à Clermont-Ferrand, la
Délégation lui accorda toutefois de se mettre à sa
diposition, d'après les clauses du traité passé entre
lui et l'administration parisienne.

M. Dagron accepta ces nouvelles conditions et se
mit immédiatement à l'œuvre ; mais, par suite de
la perte des instruments qui lui étaient nécessaires,
ce ne fut qu'après de longs tâtonnements qu'il parvint à reproduire les dépêches sur pellicules avec
une netteté suffisante.

Pendant ces différentes recherches,le temps s'écou-
lait. Les Prussiens, comme une marée montante
poursuivaient leur marche envahissante, de sorte
que Tours fut bientôt menacé. La Délégation ayant
été obligée de quitter cette ville, se transporta à
Bordeaux. M. Dagron l'y accompagna, et là, continuant ses essais, il ne tarda pas, grâce à une habileté incontestable et malgré l'insuffisance des moyens
dont il disposait, à produire des merveilles.

Les dépêches étaient imprimées sur des feuilles
divisées en trois colonnes. Ces feuilles, contenant
chacune environ 200 dépêches, étaient disposées
sur des panneaux par 9 ou par 16, suivant la pureté
de l'impression, ce qui portait le nombre des dépêches d'un seul panneau à 1.800 lorsqu'il y avait 9
feuilles, et à 3.200 lorsqu'il y en avait 16.

Chaque panneau était reproduit sur une pellicule de 38 millimètres de largeur sur 6 centimètres de hauteur. Le bagage d'un pigeon étant de 12 à 18 pellicules, on voit que chacun de ces messages pouvait ainsi emporter de 30 à 40 mille dépêches.

Malgré tous les soins apportés à la reproduction photographique, les épreuves n'étaient pas toujours bien réussies. Par suite de la mauvaise qualité des produits dont faute de mieux M. Dagron était obligé de se servir, les pellicules formées d'une mince couche de collodion au ricin, se déformaient et se ridaient souvent en séchant, de sorte qu'il y avait un déchet assez considérable. Celles qui étaient bien réussies étaient vérifiées à l'aide du microscope par M. de Laffollye qui les introduisait ensuite dans des tubes formés par l'extrémité d'une plume d'oie ou de corbeau. Puis ces tubes étaient livrés à M. Georges Blay, qui, ainsi que nous l'avons dit, dirigeait le service du lancer.

CHAPITRE V

Les Pigeons de la République.

Au début du siège, lorsque le service de la poste
par pigeons commença à fonctionner, les dépêches
écrites à la main sur du papier très mince étaient
simplement roulées sur elles-mêmes et fixées à une
des plumes de la queue des messagers. Mais M.
Georges Blay, qui, après la réunion des Postes
et des Télégraphes fut chargé du lancer, ne tarda
pas à s'apercevoir que le fil qui servait à attacher

ces dépêches les détériorait, et il eut l'idée de les
introduire dans un tube fait avec l'extrémité d'une
forte plume. Deux petits trous pratiqués aux extrémités de ce tube servaient à passer un fil de soie
au moyen duquel il était fixé sur la plume principale de la queue. Les dépêches étaient ainsi à l'abri
de la pluie, et protégées contre le bec de l'oiseau
qui cherchait presque toujours à s'en débarrasser.

Les pellicules avaient sur le papier l'avantage
d'être très souples et très légères, en même temps
qu'elles possédaient une résistance supérieure. Pour
les introduire dans les tubes, on commençait par
en rouler une sur elle-même, et avec un peu de précaution et de patience, on arrivait facilement à
la réduire à la grosseur d'une épingle. C'est sur
cette première pellicule formant axe que l'on en-
roulait ensuite les autres.

Après que les tubes étaient fixés, il était procédé
immédiatement au lancer. MM. Blay, David, Cassiers, Van Roosebecke, Thomas et Traclet qui en
étaient chargés s'avancèrent parfois jusqu'aux avant-
postes prussiens, afin de réduire le plus possible la
distance à parcourir par les messagers ailés.

Les premiers départs avaient lieu en avant d'Orléans, et pour avoir les pigeons sous la main, on y
avait installé un colombier ; mais lorsque cette
ville fut tombée au pouvoir des Prussiens on dut le
transporter à Poitiers. Les dépêches qui étaient
centralisées à Bordeaux étaient portées jusqu'à
Poitiers par un employé des lignes télégraphiques
qui s'y rendait par train rapide.

A partir de ce moment, les départs avaient lieu

assez loin de Paris, et par surcroît de difficultés dans de bien plus mauvaises conditions qu'au début.

En effet, l'hiver était extrêmement rigoureux, le froid paralysait la respiration des pigeons qui retombaient bientôt épuisés ; les jours étaient courts, la neige couvrait la terre, l'atmosphère était brumeuse, de sorte que les malheureux messagers ne reconnaissaient plus leur route. Parfois, ils refusaient de partir, d'autrefois, après avoir vainement tenté de s'orienter, ils finissaient par s'abattre au point de départ.

Mais les rigueurs de l'hiver et l'éloignement du point d'arrivée n'étaient pas les seuls ennemis dont eurent à souffrir les messagers aériens. Le bruit du canon et la fusillade les effrayaient et les détournaient de leur route ; plusieurs tombèrent dans les griffes des oiseaux de proie. Les Prussiens leur donnaient la chasse, et on prétend qu'ils avaient même dressé des faucons dans ce but.

Cela explique suffisamment pourquoi, dans les derniers temps du siège, un très petit nombre de pigeons arrivèrent à destination. Ainsi, du 7 janvier à la fin du siège, sur 61 qui furent lancés, 3 seulement parvinrent à Paris, le 8 janvier, le 21 et le 3 février. Il est vrai que les dépêches étaient toujours envoyées en plusieurs expéditions. Ainsi, celles qui arrivèrent à Paris, le 8 janvier, avaient été confiées à dix pigeons ; quelques-unes furent expédiées vingt, trente et même jusqu'à trente-neuf fois. Il suffisait qu'un seul pigeon arrivât pour que la cargaison fut sauvée.

En résumé, il fut lancé, pendant toute la cam-

pagne, 302 pigeons sur 363 qui étaient sortis de
Paris. Il en avait été employé 54 avant le 16 octobre ;
mais ce n'est qu'à partir de cette date, époque à
laquelle les deux administrations des Postes et des
Télégraphes furent réunies, et où un personnel
spécial fut chargé des correspondances à expédier
à Paris par pigeons, que le service fonctionna à
peu près régulièrement.

A partir du 16 octobre, il fut procédé à 47 départs
utilisant 248 pigeons. Chaque pigeon portait trois
numéros : le premier indiquait le nombre de messagers expédiés ; le deuxième le numéro de série
des dépêches ; le troisième, le nombre de pigeons
restant au colombier. Le Gouvernement était ainsi
renseigné sur les pigeons perdus et les dépêches non
parvenues. Enfin, après la cessation des hostilités,
toutes les dépêches imprimées sur papier furent
envoyées à l'administration parisienne.

Les malheureux messagers que les événements
avaient associés à nos dangers et à nos peines,
payèrent à la mort un large tribut ; beaucoup furent
victimes de cette guerre terrible qui coûta à la France
tant d'hommes, tant d'argent et deux de ses plus
belles provinces. Sur les 302 pigeons expédiés, 59
seulement purent rentrer dans Paris. Les autres
furent pris par les oiseaux de proie, tués par les
Prussiens, ou périrent en route de froid et de faim.

Quelques-uns tombèrent vivants entre les mains
des ennemis, qui ne manquèrent pas de s'en servir
pour chercher à jeter l'alarme et le découragement
parmi la population parisienne. Le 9 décembre,
à 5 heures du soir, un des pigeons emportés par

le ballon le *Daguerre*, qui, on l'a vu plus haut, fut
pris par les Prussiens le 12 novembre, rentra au
colombier porteur d'une dépêche datée de Rouen.
Elle était ainsi conçue :

Rouen, 7 décembre,

« A Gouvernement, Paris, — Rouen occupé
« par Prussiens, qui marchent sur Cherbourg.
« Population rurale les acclame ; délibérez. Orléans
« repris par ces diables. Bourges et Tours menacés.
« Armée de la Loire complètement défaite. Résis-
« tance n'offre plus aucune chance de salut.

« A. LAVERTUJON. »

Le même jour à 7 heures et demie, un deuxième
pigeon rentrait au même colombier, portant une
dépêche datée de Tours, à l'adresse du journal le
Figaro. Voici le texte de cette deuxième missive :

« Tours, 8 décembre,

« Rédacteur Figaro, Paris,

« Quels désastres ! Orléans repris. Prussiens deux
« lieues de Tours et Bourges. Gambetta parti Bor-
« deaux ; Rouen s'est donné ; Cherbourg menacé !
« Armée Loire n'est plus, fuyards, pillards, popu-
« lation rurale partie ; connivence prussienne.
« Tout le monde en a assez. Champs dévastés. Bri-
« gandage florissant ; manque de chevaux, de bé-
« tail. Partout la faim, le deuil. Nulle espérance.

« Faites bien que les Parisiens sachent que Paris
« n'est pas la France. Peuple veut dire son mot. »

La signature, à peu près illisible pouvait être :
« Comte de Pujol ou Pujet ».

Il y a lieu d'abord, de remarquer que M. André
Lavertujon, dont le nom figurait au bas de la dépêche datée de Rouen, ne pouvait en être l'auteur
pour cette raison qu'il était à ce moment présent à
Paris, comme secrétaire du Gouvernement. Ensuite,
le mode d'attache, identique dans les deux dépêches, différait de celui qu'employaient les agents
français. De plus les pigeons furent parfaitement
identifiés comme étant ceux pris à Ferrières. L'origine prussienne de ces deux dépêches ne pouvait
donner lieu, par conséquent, à aucun doute.

A côté des sacrifices que les circonstances rendirent
inévitables, il y a lieu de citer quelques cas de réussite qui démontrent que par un temps favorable,
les pigeons peuvent accomplir leur mission avec
une grande rapidité.

Nous avons déjà parlé de celui que M. Cassiers
avait appelé *Gambetta* qui, sorti quatre fois de Paris
en ballon, y rentra quatre fois porteur de dépêches.

Le 19 octobre, M. Georges Blay, effectua un
lancer de trois pigeons du haut de la cathédrale
de Blois.

Il soufflait un fort vent dans la direction de Paris. Les messagers partis à 10 heures y arrivèrent
avant midi, ayant franchi 180 kilomètres en moins
de deux heures.

Le 9 novembre, le général d'Aurelle de Paladine

repoussait les Prussiens à Coulmiers. Cette victoire
avait mis un peu de baume sur les blessures de la
patrie et fait entrevoir une, lueur d'espérance.
Dès le lendemain, à 10 heures, on lança à la Loupe,
4 pigeons porteurs de la bonne nouvelle. On eût
dit que les messagers s'étaient rendus compte de
l'importance de leur mission ; ils firent diligence
et à midi rentraient au colombier.

Le 21 janvier, un pigeon parti de Sainte-Maure,
en face des Prussiens, rentrait dans Paris, porteur
de plus de 38.000 dépêches. M. Dagron faisait demander certains produits qui lui étaient indispen-
sables pour ses opérations de photographie microscopique. Ces produits, après avoir voyagé par ballon et chemin de fer, arrivèrent à Bordeaux le 27,
6 jours après le départ du pigeon.

A Paris, c'était M. Dérouard, nous le savons,
qui était chargé du recrutement des pigeons et de
la surveillance des colombiers. Il en existait sur
plusieurs points de la capitale. En plus de celui de
la rue de Grenelle, il y en avait à la Villette, au
faubourg Saint-Denis, boulevard Montparnasse, aux
Batignolles et rue Simon le Franc.

Lorsqu'un pigeon rentrait au colombier, il était
recueilli par un facteur de la poste qui le portait
à l'hôtel de la rue Jean-Jacques-Rousseau. Le Directeur général des Postes le faisait ensuite parvenir au Gouverneur de Paris qui faisait procéder
à l'ouverture du tube. Pour cela, on fendait soigneusement ce dernier à l'aide d'un canif et les dépêches qu'il contenait étaient aussitôt envoyées
aux divers ministères auxquels elles étaient adres-

sées. Celles destinées au public étaient reçues
par M. Mercadier, délégué de l'administration des
Télégraphes qui, après en avoir fait effectuer la
lecture, les faisait parvenir sans retard à qui de
droit.

Les dépêches du début, écrites à la main, étaient
quoique d'une écriture très fine, parfaitement li-
sibles à l'œil nu ; mais lorsque l'on eut fait usage de
la photographie, il fallut recourir à l'emploi de la
loupe. Enfin, quand plus tard, la photographie
microscopique sur pellicules eût remplacé la photographie sur papier, la loupe elle-même devint
insuffisante et on dut avoir recours à d'autres
procédés.

Les pellicules, une fois extraites du tube, étaient
placées dans un bain d'eau additionnée d'un peu
d'ammoniaque ; elles se déroulaient alors d'elles-
mêmes. Après avoir été séchée, chaque pellicule
était fixée entre deux verres et placée dans l'appareil
à l'aide duquel on en déchiffrait le contenu.

Dans une salle obscure, on avait disposé sur
une plate-forme, un appareil composé d'une lampe
électrique alimentée par des piles et d'un corps
de lunettes d'un pouvoir grossissant assez considérable. Le faisceau lumineux traversait la pellicule et était projeté sur un écran fixé contre la mu-
raille, où se trouvaient reproduits, considérablement amplifiés, les caractères des dépêches. Cet appareil était analogue à ceux dont on se sert dans les
conférences pour les projections lumineuses, ou
encore à ceux reproduisant les scènes animées.

Le grossissement obtenu était d'environ 1.600

fois l'original ; les dimensions de chacun des 16
carrés qui composaient la pellicule étaient sur
le transparent de 40 centimètres de côté environ,
ce qui en permettait facilement la lecture.

Quatre employés du télégraphe, assis en face de
l'image, transcrivaient les dépêches qui étaient
immédiatement distribuées aux intéressés, par les
soins des facteurs du télégraphe, comme le sont
les télégrammes en temps ordinaire.

Il n'est pas besoin de dire avec quelle joie étaient
reçus ces modestes agents dans les familles affa-
mées de nouvelles. Des pièces blanches et parfois
des louis leur étaient donnés comme gratification,
et l'on vit même des personnes absentes à l'arrivée
du télégramme, ou qui, dans l'émotion du moment
avaient oublié le traditionnel pourboire, se rendre
rue de Grenelle et remettre pour le facteur la récompense promise du fond du cœur.

Les souffrances morales et matérielles éprouvées
pendant le siège, avaient fini par rendre les Parisiens superstitieux. La privation des nouvelles
les portait à contempler le ciel, afin d'y surprendre
l'arrivée d'un messager ailé. Autour des colombiers
des multitudes stationnaient, escomptant la rentrée
problématique d'un pigeon. Et quand un de ces
oiseaux dessinait à l'horizon sa silhouette légère,
avec quelle émotion il était accueilli, avec quels regards avides et inquiets on suivait son vol fatigué,
cherchant dans son attitude, comme les Grecs et
les Romains d'autrefois, à présager la nouvelle
d'une victoire ou celle d'un désastre.

Lorsque les pigeons arrivaient à proximité de

leur colombier, ils avaient l'habitude de faire une dernière escale sur un monument élevé du voisinage ; ainsi ceux qui se rendaient rue Simon Lefranc, allaient se percher sur la tour Saint-Jacques, alors que ceux qui se rendaient rue de Clichy, se posaient presque toujours sur l'Arc de Triomphe.

Un jour, un pigeon vint s'abattre sur ce dernier monument. La foule qui, de la place de l'Etoile suivait ses évolutions, poussa une clameur d'applaudissements, présageant quelque grande victoire.

Un autre jour, un messager paraissant exténué par une longue course planait au-dessus du jardin du Carrousel. Tout à coup, il s'abattit sur une statue ; c'était celle de Hoche. Comme la foule cherchait à s'emparer du pigeon, celui-ci d'un coup d'aile alla se percher sur l'épaule de Masséna, ce qui provoqua les bravos des assistants.

Malheureusement, les bonnes nouvelles furent rares, et ce fut, le plus souvent, celle de désastres, que les innocents messagers apportèrent à la population inquiète ; néanmoins la reconnaissance des Parisiens ne leur fit pas défaut.

Edgar Quinet, dans un article enthousiaste, demandait qu'un pigeon figurât sur le blason de la ville de Paris, volant au-dessus du vieux vaisseau qu'aucune tempête n'a pu dompter. Paul de Saint Victor les a célébrés en des lignes admirables, et, rappelant le souvenir de Venise qui, affamée par un long siège, réservait aux pigeons de Saint-Marc ses derniers grains de blé, voulait que Paris recueillît les pigeons du siège sous le toit de l'un de ses tem-

ples, et qu'on y abritât leurs couvées. Enfin, nous
citerons ces vers, que consacra le poète Eugène
Manuel aux pigeons de la République.

Les pigeons de la République

Doux pigeons, messagers d'amour,
Vous dont taut d'âmes consolées,
Comptant les heures écoulées
Autrefois fêtaient le retour,

Vous qui rapportiez sous vos ailes,
Caché dans le plumage blanc,
Le pli que l'on ouvre en tremblant,
Le secret des amants fidèles,

Vous qui disiez des riens charmants
A l'oreille de vos maîtresses,
Ou frissonniez sous les caresses
Et le long baiser des amants,

Vous faisiez sourire naguère !
Qui de nous eût prédit jamais,
Que vous seriez, oiseaux de paix,
Enrôlés pour la grande guerre !

Deux millions de détenus,
Attendent qu'un ramier réponde,
Et la cité, reine du monde,
Demande : « Etes-vous revenus ?... »

Parlez, la France est-elle en marche ?
Son cœur au nôtre est-il uni ?
Tenez-vous le rameau béni,
Comme la colombe de l'arche ?

A nos captifs promettez-vous
La délivrance qu'on prépare ?
Le flot du conquérant barbare
Va-t-il décroître autour de nous ?

Parlez ! dans les bois, dans les plaines,
Sur les côteaux, le long des champs,
Avez-vous entendu les chants
Des légions républicaines ?

Avez-vous vu leur pas hardi
Frapper le sol en longues files ?
Vient-on des hameaux et des villes
Vient-on du Nord et du Midi ?

Parlez ! votre aile palpitante
Bat plus joyeuse au colombier,
Beni soit ce frêle papier,
Espoir d'une héroïque attente !

Votre vol est officiel
Est-ce le salut qu'il annonce ?
La France a dicté la réponse
Et vous nous l'apportez du ciel ! (1)

Cependant, le danger passé, on oublia bien vite
les messagers du siège, sous l'aile desquels avait
été, pendant près de cinq mois, suspendue l'âme de
la capitale. L'administration des Domaines les fit
vendre, et ils furent adjugés au prix de 1 franc
et 2 francs la pièce. Ce fait n'est-il pas navrant
dans sa simplicité brutale ?....

Cette ingratitude est aujourd'hui réparée, et sur

(1) Pendant la Guerre, Calmann-Lévy, éditeurs, Paris.

le monument que l'on vient d'élever à la mémoire
des héros de la Poste, dans ce ciel de Paris, si souvent assombri par la fumée des batailles, l'image
d'un pigeon aux ailes déployées apparaît comme
un symbole de reconnaissance pour le passé et d'espérance en l'avenir.

CHAPITRE VI

Les piétons messagers

Pénurie de nouvelles. — Jules Favre et la délégation. — Les messagers a pied. — Difficultés excessives. — Le facteur Létoile. — Les gardiens de bureau Gème et Brare. — La mort d'un brave. — Flamand, Dauvergne, Bécoulet, etc. — M. Oswald et M. Morel. — Les messagers a Tours. — Moyens employés pour dissimuler les dépêches. — L'inspection prussienne. — Le courrier-convoyeur Ayrolles. — Le Messager Richard. — Les marins Jahn et Paul. — Trahis par un français et sauvés par un ennemi. — Réginensi et Moutet, etc.

Si le service des ballons fut suffisant pour assurer le transport des correspondances de Paris pour la province, il fut loin d'en être ainsi pour celui des pigeons voyageurs. Malgré toutes les ressources d'habileté et de courage déployées par ceux qui dirigèrent ce service, les pigeons n'arrivaient pas toujours.

Le nombre restreint de messagers ailés dont disposait la Délégation, leur manque d'entraînement, la rigueur de la saison, étaient autant d'obstacles qu'il fut malheureusement impossible d'éviter.

Sur la fin du siège surtout, au moment où, par suite de la gravité des événements qui se déroulaient, le Gouvernement avait le plus besoin d'être renseigné, il s'écoula parfois de longs intervalles pendant lesquels aucune nouvelle ne pénétra dans la capitale investie.

Dans les derniers jours d'octobre et les premiers de novembre, aucune dépêche ne parvint à Paris, malgré les envois presque quotidiens de messagers. Le 15 novembre, M. Jules Favre écrivait à la Délégation : « Je crains que les pigeons ne soient pris, ou ne périssent en route ; ne négligeons pas d'autres moyens, l'essentiel est de communiquer, il faut s'y efforcer à tout prix ».

Le 26 novembre, il arriva un pigeon qui n'apportait que des dépêches privées. Jules Favre n'hésita pas à dire que ce fait constituait une trahison. Il ignorait que le 23 novembre des dépêches officielles importantes avaient été confiées à cinq pigeons choisis parmi les meilleurs et que ces messagers s'étaient perdus en route.

Ce fut cette insuffisance des pigeons qui avait décidé les deux administrations de Paris et de Tours à chercher par d'autres moyens la possibilité d'y parer. Nous avons déjà vu quels furent quelques-uns de ces moyens, qui restèrent malheureusement inefficaces. Il nous reste à parler du service des piétons messagers qui fonctionna pendant toute la durée du siège.

En dehors des correspondances qui furent confiées aux ballons et aux pigeons, les seules dépêches qui pénétrèrent dans Paris ou qui en sortirent furent, en effet, confiées à des volontaires courageux qui réussirent après mille périls à traverser les lignes ennemies.

Mais les résultats furent loin d'être comparables à ceux obtenus par la poste aérienne, et sur plus de deux cents messagers envoyés avec des dépêches, soit de Paris, soit de Tours, une quinzaine au plus réussirent à remplir leur mission. Il faut dire pour ceux qui échouèrent, que ce ne fut pas pour la plupart d'entr'eux, par manque de courage et de ténacité ; mais les Prussiens exerçaient une telle surveillance, qu'il fallait pour réussir, non seulement des prodiges d'habileté et d'audace, mais aussi la chance du hasard.

Les messagers durent la plupart du temps, pour déjouer la vigilance des sentinelles prussiennes, se traîner sur le ventre pendant des heures, traverser la Seine à la nage par un froid glacial, et quand un espace découvert se présentait devant eux, se précipiter à travers champs, poursuivis à la fois par les balles et par les uhlans.

Il est certain que quelques-uns furent pris par les ennemis et fusillés ; d'autres emmenés en Allemagne où ils subirent les horreurs de la captivité ; d'autres, après avoir été l'objet d'une inspection minutieuse, furent renvoyés tout meurtris de mauvais traitements.

Nous avons dit que certains d'entr'eux furent fusillés ; on n'en connaît point le nombre ni dans quelles circonstances ; mais dans la liste des messagers, on voit figurer à côté de plus d'un nom, la mention « n'a plus donné de ses nouvelles ».

Disparu ! il n'est que trop facile de supposer comment, et plus d'une fois, on découvrit sur le bord de la Seine, entre Rueil et le Pecq, le cadavre d'un homme qui avait été exécuté à cet endroit, ou frappé par une balle en traversant le fleuve à la nage.

A Paris, aussitôt après l'investissement et avant la création de la poste par ballons, M. Rampont, soucieux d'assurer le départ des correspondances, avait songé à l'établissement d'un service de piétons messagers.

Les voitures postales parties le 19 septembre au soir de la gare Montparnasse, avaient été obligées de revenir sur leurs pas. Le lendemain, l'Administration envoya trois voitures, deux cavaliers et cinq piétons. Les voitures et les cavaliers durent revenir à l'Hôtel des Postes avec leurs dépêches. Ils avaient tous essuyé de nombreux coups de feu, et ce n'est que grâce à la vigueur des chevaux que l'on avait mis à leur disposition qu'ils durent de ne pas être tués ou faits prisonniers.

Parmi les piétons, un seul, Létoile Simon, facteur à Fontenay-aux-Roses, parvint jusqu'à Evreux et y effectua la livraison de ses dépêches. Sept jours après, le 28 septembre, il rentra à Paris avec 150 lettres qu'il avait recueillies à Evreux, non sans avoir risqué plusieurs fois sa vie. Létoile reçut le 13 mars 1873, la médaille militaire pour récompense de son dévouement.

Cependant on comprit qu'il était devenu impossible d'échapper à l'ennemi par la vitesse, toutes les voies de communication étant soigneusement gardées, on renonça à faire usage des voitures et des cavaliers. Ce n'était, en effet, que par la ruse et en se dissimulant que l'on pouvait avoir quelques chances de réussite. En conséquence, ce fut à ce dernier moyen que l'on décida d'avoir recours.

Le 21 septembre, vingt-huit piétons furent lancés dans les lignes. Sur ce nombre le gardien de bureau, Brare et le courrier-convoyeur Gême, réussirent à se rendre à Saint-Germain, où ils livrèrent leurs dépêches. Le facteur Poulain fut fait prisonnier, dépouillé de ses correspondances et envoyé à Mayence en captivité. Une médaille d'argent de 2e classe lui fut décernée le 13 mars 1873. Deux autres employés, faits également prisonniers, furent remis en liberté, et revinrent à Nanterre.

Gême et Brare qui avaient pu réussir à remplir leur mission étaient porteurs chacun d'un sac n° 5, qui ne contenait que des lettres. Ils se dirigèrent sur Courbevoie et de là à Maisons-Laffitte, dans l'espoir d'arriver à Saint-Germain par les bois. Ayant rencontré des sentinelles prussiennes qui firent feu sur eux sans les atteindre et craignant d'être pris ils cachèrent leurs dépêches dans une vigne ; mais ils tombèrent presque aussitôt sur un poste prussien qui les fit prisonniers.

Soit que la consigne prussienne ait été moins sévère à ce moment qu'elle ne le fut par la suite ; soit qu'ils aient eu la chance de tomber entre les mains d'un homme humain ; toujours est-il que le commandant prussien les traita avec bonté. Après

les avoir interrogés, il leur donna à boire et leur fit
passer la nuit au poste. Le lendemain il les remit
en liberté, après avoir vérifié le contenu de leurs
sacs, mais sans ouvrir aucune lettre.

Ils se rendirent alors à Saint-Germain et remirent
au bureau de cette ville leurs dépêches qui furent
dirigées sur leur destination.

Le lendemain Brare et Gême rentrèrent à Paris,
après avoir fait mille détours pour éviter les postes
prussiens. Ils remirent au receveur principal un millier
de lettres qu'ils avaient recueillies à Saint-Germain.

Le 22 et le 23 septembre, pendant que Gême et
Brare effectuaient heureusement le voyage de Saint-
Germain et leur rentrée dans Paris, plusieurs piétons
envoyés dans les lignes échouèrent ; ils furent faits
prisonniers ou durent rétrograder.

Le 24, les deux camarades, dont la modestie et
et le courage étaient au-dessus de tout éloge, repar-
tirent avec dix kilogrammes de lettres chacun. Après
bien des difficultés, ils arrivèrent à Saint-Germain ;
mais cette ville étant cette fois occupée par les Prus-
sines, on refusa de recevoir leurs dépêches. Sans
se décourager, ils partent pour Triel et livrent
à la receveuse, Mme Duval, leur précieux fardeau.
Ils reprennent le chemin de Saint-Germain, reçoi-
vent dans cette ville 446 lettres pour Paris, et
reviennent à l'Hôtel des Postes, après avoir couru
les plus grands dangers.

Le 27, ils repartent encore, arrivent sains et saufs
à Triel, y recueillent 853 lettres, et le lendemain
rentrent à Paris, non sans avoir essuyé de nombreux
coups de feu.

Le 2 octobre, Gême part de nouveau ; mais il est obligé de revenir sur ses pas, après avoir passé la nuit à Rueil.

Le 4, il fait une nouvelle tentative. Il est accompagné de Ayrolles, courrier-convoyeur à Tours, qui, envoyé par M. Steenackers, a réussi à pénétrer dans Paris, avec les dépêches qui lui avaient été confiées pour le Gouvernement. Ils rencontrent deux de leurs camarades qui essayent depuis deux jours de traverser les lignes. Ils se concertent et décident de tenter ensemble l'aventure. Malgré tous leurs efforts, ils ne peuvent réussir, car à certains moments les balles pleuvent autour d'eux et les obligent à renoncer à leur tentative.

Le 31 octobre, Gême et Loyet, gardien de bureau, partent ensemble. Ils sont faits prisonniers et relâchés à deux reprises, grâce à leur sang-froid. Conduits de postes en postes jusqu'au de là d'Épinay, ils gagnent le fort de la Briche et rentrent à Paris.

Gême (Charles-Cyrille), né le 18 novembre 1828, à Vaux-des-Monts (Meurthe-et-Moselle), était entré à l'administration des Postes après 11 ans de services militaires. Il avait déjà fait preuve dans plusieurs circonstances de courage et de dévouement en sauvant des personnes en danger de mort. Sa belle conduite pendant le siège lui valut d'être fait chevalier de la Légion d'Honneur en juillet 1881.

Le gardien de bureau Brare qui avait accompagné Gême dans plusieurs voyages, devait payer de la vie son dévouement. Ayant tenté seul la traversée des lignes, il fut fait prisonnier et condamné à mort. Il allait être livré au peloton d'exécution, lorsqu'il

réussit à s'évader et se rendit à Tours. D'un courage
à toute épreuve et d'une persévérance infatigable,
il repartit de nouveau pour Paris, le 3 décembre,
avec les dépêches qu'on lui avait confiées.

Le 14 du même mois, en traversant la Seine à
la nage, il fut tué d'une balle à la tête.

Brare (Armand) était marié et père de cinq enfants. Sa famille a été adoptée par l'Etat.

Les autres employés de l'Administration qui réussirent à passer des dépêches furent : Loyet, gardien
de bureau et Chourrier, facteur. Profitant d'une nuit
obscure, ils entrèrent jusqu'à mi-corps dans la Seine
et purent ainsi arriver jusqu'à Triel, où ils livrèrent
leurs dépêches. Le 5 octobre, ils rentrèrent à Paris
avec 714 lettres recueillies à Triel (Médaille d'argent,
le 30 juin 1882).

Flamand (François) et Dauvergne (Léonard),
tous deux gardiens de bureau, partirent le 27 octobre,
franchirent la Seine entre Thiais et Choisy-le-Roi,
et se rendirent à Tours (Médaille d'argent, le 13
mars 1873).

Bécoulet (Etienne), facteur à Paris, fut fait prisonnier, dépouillé de ses dépêches et remis en liberté.
Il se rendit à Tours.

Quelques personnes étrangères à l'Administration
des Postes purent également traverser les lignes.
Parmi elles, M. François Oswald, rédacteur au
Gaulois, qui partit dans le courant d'octobre. Il fut
pris par les Prussiens et menacé d'être fusillé comme
espion ; mais il parvint à s'évader et gagna Tours.

M. Lucien Morel traversa les lignes ennemies
dans le mois d'octobre. Encouragé par ce premier

succès, il résolut de rentrer de nouveau dans l'enceinte assiégée. Muni des dépêches que M. Steenackers lui avait confiées pour le Gouvernement, il se rendit à Versailles où il fut arrêté, puis relâché. Ce début ne le découragea pas de sa périlleuse mission et, après sept tentatives infructueuses, il put enfin atteindre le but. Profitant d'une nuit de brume, il se glissa à plat ventre entre deux sentinelles distantes seulement de trente mètres l'une de l'autre. Il portait sur le dos une barque avec laquelle il traversa la Seine.

M. Morel ne s'en tint pas là. C'est lui que nous avons vu sortir avec le ballon la *Ville-de-Paris* qui atterrit en Prusse. Il fut, ainsi que ses compagnons, fait prisonnier et gardé en captivité jusqu'à la fin de la guerre.

*
* *

A Tours, M. Steenackers, comme M. Rampont à Paris, utilisa un grand nombre de piétons messagers.« L'empressement, dit-il était admirable ; nous
« n'avions pas besoin de chercher les hommes de
« bonne volonté. Il nous en venait de tous côtés,
« de toutes les classes de la société, les uns solli-
« cités par un patriotisme ardent et le désir de se
« rendre utile, les autres, désireux de mériter
« une récompense honorifique, ne tentant l'aven-
« ture que pour gagner un ruban, d'autres voulant
« à tout prix rentrer dans Paris, soit pour embrasser
« un être chéri, soit pour surveiller leurs affaires.

« Quelques-uns étaient déterminés par des motifs
« moins louables. Il ne s'agissait, pour ceux-ci,
« que de gagner quelque argent et d'empocher la
« somme qu'on leur donnait pour se mettre en
« route ; pour ceux-là d'échapper au service de la
« guerre. Je me hâte de dire que c'était le très petit
« nombre. Tous, du reste, ou presque tous, se
« flattaient d'atteindre le but et de remettre au
« Gouvernement de Paris les dépêches que la Délé-
« gation voudrait leur confier » (1).

Ainsi que le fait remarquer M. Steenackers, il
n'était guère possible de faire un choix. On ne
saurait juger les gens sur leur mine et, d'un autre
côté, une enquête sur leur vie privée n'aurait eu
d'autres résultats que de froisser l'amour-propre
d'un grand nombre d'honnêtes gens qui venaient
loyalement offrir d'exposer leur vie pour la cause
commune. Le plus simple était de les accepter
aveuglément, et c'est ce que l'on fit.

Toutefois, les exigences de quelques-uns permirent
de se rendre compte du peu de confiance que l'on
devait avoir en eux. Ainsi, une jeune dame qui
était venue s'offrir pour porter des dépêches à Paris,
demandait pour cela la somme de cinquante mille
francs. Il est inutile de dire qu'elle fut éconduite.

Une des premières choses dont avait dû se préoccuper l'Administration, fut de chercher les meilleurs
moyens de dissimuler les dépêches. Il n'y avait aucun
doute possible que les messagers qui seraient pris

(1) Steenackers, les Télégraphes et les Postes pendant la
guerre de 1870-1871.

par les Prussiens, avec des correspondances couraient neuf fois sur dix, le risque d'être fusillés comme espions.

Cette précaution indispensable avait été un peu laissée à l'initiative des messagers ; aussi les systèmes furent nombreux, et chacun avait pour ainsi dire son « truc » particulier pour déjouer, au cas où il serait pris, la perspicacité d'un ennemi que l'on savait pourtant défiant.

Un des moyens le plus employés fut celui qui consistait à ménager une petite cavité dans l'intérieur de la semelle des souliers. On y plaçait la dépêche microscopique, et la semelle une fois recousue au soulier, rien extérieurement ne pouvait en révéler l'existence, et il fallait mettre la chaussure en pièces pour la découvrir. M. Feillet qui, à Tours, dirigeait le service des communications par voies extraordinaires, avait fait, au préalable confectionner des souliers devant être utilisés.

Un autre moyen consistait à cacher la dépêche dans la visière de la casquette, qui était dédoublée et recousue. Il y avait aussi les boutons de l'habit formés de deux petites plaques de métal entre lesquelles la dépêche était placée. Les différentes coutures des effets d'habillement, le fer dont le bout d'une canne était garnie, le chaton d'une bague, un cigare, une pipe, des pièces de monnaie évidées, des clefs perforées, furent autant de cachettes différentes. Quelques-uns des messagers transcrivaient la dépêche sur des feuilles de papier à cigarettes avec de l'encre sympathique ; un facteur de télégraphe eut l'idée de dissimuler la sienne à l'intérieur

d'une dent artificielle qui avait été préalablement
creusée et qui, une fois mise en place, fut aurifiée
avec soin.

Les Prussiens qui firent le facteur prisonnier,
ne parvinrent jamais à découvrir cette ingénieuse
cachette. Il y eut des messagers qui allèrent jusqu'à
se faire inciser l'épiderme et placèrent dans la plaie
les dépêches microscopiques.

Il serait trop long d'énumérer toutes les ruses,
toutes les ingéniosités qui restèrent le plus souvent
inefficaces. Les Prussiens, grâce à un service d'espion-
nage supérieurement organisé, étaient au courant
de tous les moyens susceptibles d'être employés, et
il était bien rare, quand le messager était pris par
eux, que la cachette échappât à leur investigation.
Il arriva même quelquefois que les journaux français,
pour paraître bien renseignés, furent les premiers à
les dévoiler. C'est ainsi que les ennemis connurent
le procédé de la dent creuse, qui ne put plus être
employé.

Quand un piéton, essayant de traverser les lignes,
tombait entre leurs mains, ils commençaient par le
déshabiller des pieds à la tête. Il était, dans cet état,
examiné minutieusement sur toutes les parties du
corps, et si par hasard, le patient faisait entendre
quelque timide protestation, des coups de crosse
bien appliqués, le ramenaient rapidement à la
raison. Pendant ce temps ses habits étaient décousus
lacérés et vérifiés dans tous les coins et coutures.

Si des doutes subsistaient encore, on lui admi-
nistrait une purge énergique et un lavement non
moins efficace, et après l'effet attendu, des hommes

se livraient à une analyse que l'on comprendra sans qu'il soit besoin de la décrire.

Quand, malgré tout cela, on n'avait pu rien découvrir, le prisonnier était gardé à vue pendant quelque temps, puis remis en liberté, non sans avoir été prévenu qu'il serait fusillé s'il était repris.

Cette description fera ressortir toutes les difficultés et tous les dangers qu'il y avait pour les hommes courageux et décidés qui entreprirent de faire communiquer le Gouvernement avec la Délégation ; et si l'on peut être surpris de quelque chose, c'est que le nombre de ces émissaires de bonne volonté ait été aussi grand.

Un grand nombre de messagers, après avoir vainement tenté de traverser les lignes, rapportèrent leurs dépêches à Tours et avouèrent leur impuissance. Quelques-uns, comme Eugène de l'Ile, fils d'un ancien maire de Nantes, moururent de fatigue pendant le voyage. D'autres attendirent dans le voisinage des lignes prussiennes la fin des hostilités, et aussitôt les communications rétablies, se rendirent à Paris, et remirent à M. Mercadier des dépêches qui remontaient à deux et même trois mois. Enfin, il en est qui n'ont jamais reparu, soit qu'ils aient été tués, soit que n'ayant pu remplir leur mission, ils n'aient pas osé rendre compte du résultat.

Ceux qui ont réussi à entrer dans Paris avec leurs dépêches sont :

Ayrolles (Etienne), courrier-convoyeur des Postes à Tours, qui partit de cette ville le 25 septembre et réussit à passer les lignes en traversant la Seine à la nage. Dans le courant d'octobre, il fit plusieurs tentatives pour sortir de l'enceinte, mais il échoua. Il reçut la médaille d'argent de 2ᵉ classe, le 13 mars 1873, et fut fait chevalier de la Légion d'Honneur en janvier 1882.

Morel (Lucien), ainsi que nous l'avons déjà vu, rentra dans Paris après en être sorti en traversant les lignes ennemies.

Richard (Henri) partit de Tours, le 9 novembre, avec la collection des dépêches de la Délégation, depuis le 18 octobre. Il avait dissimulé ces correspondances dans la semelle de ses souliers et la visière de sa casquette.

« Ce courrier, dit le *National*, dans son numéro « du 17 novembre 1870, est le véritable type de « l'enfant de Paris. L'œil vif très malin, la mous- « tache noire et la casquette bien campée sur « l'oreille, dénotent que Richard est un de ces « nombreux enfants du boulevard, qui, comme on « dit vulgairement, n'ont pas froid aux yeux. »

M. Steenackers avait certainement deviné en lui un homme d'action, car il n'avait pas hésité à lui confier une mission importante. Il lui avait remis une lettre de recommandation pour le général Trochu, dans laquelle il demandait au chef du Gouvernement de renvoyer Richard par ballon, aussitôt après son arrivée dans Paris.

Richard se rendit directement à Versailles par le chemin de fer ; mais, par suite de l'occupation prussienne, il dut rétrograder jusqu'à Rouen. Il repartit à pied, et passant par Versailles, Saint-Germain, Chatou, Montesson, arriva à Carrières-Saint-Denis. Il se jeta alors dans la Seine par un froid rigoureux et, après être resté près d'une heure dans l'eau, aborda à Rueil à quelques pas des lignes françaises.

Les sentinelles avancées ne furent pas peu surprises de voir sortir du fleuve un homme n'ayant pour tout vêtement qu'une grosse paire de souliers et une casquette, et qui répondit à leur sommation de s'arrêter par le cri de « Vive la France » ! On l'aida à se remettre sur pieds, et après l'avoir revêtu d'une vareuse et d'un pantalon de franc-tireur, on le conduisit à Nanterre, devant M. Chabaud-Mollard, commandant des francs-tireurs.

L'officier commençait déjà à l'interroger ; mais Richard, pour toute réponse, demanda une paire de ciseaux. Alors, impassible, il commença par enlever son soulier du pied droit et se mit en devoir d'en découdre la doublure, d'où il retira un paquet de petites dimensions. Ce fut ensuite le tour de la casquette, à laquelle il fit subir la même opération et en retira également un paquet semblable au premier. Sans se départir de son calme, il plaça les deux petits plis sur la table du commandant, en disant : « Voici mes papiers ».

M. Chabaud-Mollard prit connaissance de la lettre de M. Steenackers, qui recommandait Richard au général Trochu ; c'était, en effet, son meilleur passe-port. Cette lettre servait d'enveloppe à une douzaine de petits carrés de papier pelure, sur lesquels étaient imprimées en caractères microscopiques les dépêches de la Délégation.

Après avoir pris un repos bien gagné, Richard
fut amené devant le général Noël, commandant le
fort du Mont–Valérien. Celui-ci le fit conduire par
une escorte au général Trochu, qui avait déjà été
prévenu télégraphiquement de l'arrivée d'un émissaire venant de Tours. Richard remit ses dépêches
au Gouverneur et lui donna tous les renseignements
qu'il avait pu recueillir pendant son voyage.

Il aurait dû repartir le plus tôt possible par ballon,
mais par suite des retards apportés, il se trouvait
encore dans Paris au moment de la capitulation.

La Commune éclata. Richard prit cause pour
l'insurrection, et le 22 mai, il fut nommé lieutenant-
colonel dans le premier arrondissement. Il empêcha
tout excès dans la circonscription qu'il commandait.
Malgré son rôle pacificateur, il n'en fut pas moins
condamné, pour port d'armes, à un an de prison.
C'est à cette circonstance qu'il faut attribuer la raison
pour laquelle il n'a jamais reçu la récompense qu'il
avait cependant mérité par son courage.

Paul (Louis) et Jahn (François), marins, ne
montrèrent pas moins d'énergie que le précédent.
Ils étaient sortis de Paris en ballon : le premier, le
17 décembre, avec le *Parmentier*, et le second,
le 24 du même mois, avec le *Rouget-de-l'Isle*.

Ils quittèrent Bordeaux le 7 janvier, et ce n'est
qu'après vingt-et-un jours de voyage qu'ils parvinrent à rentrer dans Paris.

Afin de tromper la surveillance des sentinelles
ennemies, ils se déguisèrent tantôt en marchands
de bœufs, de vins, ou en chiffonniers. Ils traver-
sèrent les lignes et arrivèrent à Carrières-Saint-Denis.

Cependant un traître, qui avait eu connaissance de leur projet de traverser la Seine à la nage le soir même, avertit les Prussiens que deux Français porteurs de dépêches se disposaient à rentrer dans Paris. Un poste ennemi fût envoyé dans l'île de Nanterre, et les deux messagers furent faits prisonniers. Le commandant les fit fouiller ; mais n'ayant rien découvert sur eux de suspect, il porta l'affaire devant le général prussien à Franconville. En attendant une décision sur leur sort, Jahn et Paul furent enfermés dans une cabane de jardinier, située sur le bord de la Seine, et on plaça à la porte deux sentinelles.

Par une étrange ironie, à côté du Français indigne qui dénonça ses compatriotes et divulgua leurs projets aux Prussiens, il se trouva un ennemi pour les sauver. Jahn, qui parlait l'allemand, lia conversation avec les deux factionnaires. L'un d'eux, d'origine polonaise, était père de six enfants et se battait avec regret contre la France. Il s'apitoya sur le sort des deux prisonniers et résolut de leur fournir le moyen de s'évader. Ayant appris qu'ils devaient être conduits le lendemain à Franconville pour être jugés et probablement fusillés, il leur passa pendant la nuit un ciseau à froid avec lequel Jahn et Paul firent sauter la porte. Ils se jetèrent alors dans la Seine et gagnèrent un poste français. Ils se rendirent ensuite à Paris, et remirent leurs dépêches au Gouvernement.

Réginensi (Paul), marin, l'aéronaute du *Tourville* et Moutet (Abel), qui avait conduit le *Bayard*, partirent également de Bordeaux le 15 janvier 1871.

Après avoir trompé la surveillance prussienne, ils arrivèrent jusqu'au bois de Vélizy.

A partir de ce moment, ils durent marcher à plat ventre et pendant trois jours ne prirent aucune nourriture. Ils franchirent ainsi les dernières lignes de sentinelles à peine distantes de 25 mètres les unes des autres, et après avoir essuyé plusieurs coups de feu, ils arrivèrent au village du Haut-Meudon, où ils se cachèrent dans un grenier. Poussés par la faim, ils essayèrent de passer en plein jour ; mais cette imprudence faillit leur être fatale, car ils donnèrent ainsi l'éveil et une patrouille fut lancée à leur poursuite. Celle-ci pouvait aisément suivre sur la neige la trace des pas des deux voyageurs qui réussirent pourtant à lui échapper et à regagner leur cachette.

A la tombée de la nuit, ils reprirent leur marche et arrivèrent au Bas-Meudon, où ils passèrent la nuit dans une tuilerie. Enfin, à huit heures du matin, apercevant le dôme doré des Invalides, ils se lancèrent à travers la plaine, assaillis à la fois par les balles prussiennes et françaises. Ils ne furent heureusement pas atteints, et rentrèrent sains et saufs à Paris, où ils rendirent compte de leur mission.

Il serait injuste de passer sous silence le nom de quelques autres intrépides messagers qui ne réussirent pas à entrer dans Paris, mais qui montrèrent pourtant le même courage et coururent les mêmes dangers que les précédents. Parmi eux, nous citerons: Mithoir (Jules) qui partit de Tours le 6 novembre. Il réussit à déjouer la surveillance des Prussiens ; mais arrivé sur le bord de la Seine, les francs-tireurs

postés sur l'autre rive firent feu sur lui. Il eut beau
agiter son mouchoir, les balles continuant à siffler
à ses oreilles, il courut se réfugier dans une maison
en construction. C'était une embuscade prussienne.
Fait prisonnier, il fut fouillé dans tous les coins ;
on lacéra ses habits sans pouvoir découvrir ses
dépêches qui étaient cachées dans la semelle de
ses souliers.

Conduit à Versailles, il fut mis en cellule. Dans la
crainte qu'on ne finît par les trouver, il retira ses
dépêches et les cacha derrière un christ au-dessus
duquel était écrit : « Défense de toucher et d'écrire ».
Après avoir subi de nombreuses interrogations, il
fut relâché vingt-quatre jours après son arrestation.

Sérullas (Eugène) partit le 29 novembre, fut fait
prisonnier et jugé par un conseil de guerre. Il réussit
à s'évader d'un détachement de prisonniers français
que l'on conduisait en Allemagne.

Bézier (Léonard), le passager du ballon la *Ville
d'Orléans* qui atterrit en Norwège, partit le 27
décembre. Il fut également pris par les Prussiens le
7 janvier et enfermé dans une cave. Le 9 au soir, un
planton, en lui apportant sa nourriture, lui apprit
qu'il serait *capout* (fusillé) le lendemain. Pendant la
nuit, il fit sauter quelques planches mal jointes et
s'évada.

Citons encore Carpy (Georges), conseiller de préfec-
ture, qui partit de Bordeaux le 1er janvier. Il fut
fait prisonnier et conduit à Mayence.

Pradal (Charles) et Wolf (Louis) se mirent en route
le 3 janvier et durent, après de vains efforts, renoncer
à remplir leur mission.

CHAPITRE VII

Les actes de dévouement en province

Le rôle des postiers et des télégraphistes. — Le bataillon de la poste. — M. Rampont-Léchin. — M. Steenackers. — Deux administrateurs éminents. — La circulaire de W. Steenackers au personnel. — Appel entendu. — Les missions aux armées. — Dévouement chez les dames employées. — Mme Duval. — Mlle Weck. — Mlle Lix. — Mlle Dodu. — Une noble réponse.

Si, dans cette guerre malheureuse, la lâcheté et la trahison avaient rendu le désastre inévitable en ouvrant à l'ennemi les portes de la Patrie, il faut dire que la persévérance dans la lutte, l'espoir inébranlable d'un relèvement final dont firent preuve dans la suite, hommes d'Etat, généraux et soldats, réhabilitent hautement l'antique renom de bravoure de notre race.

Parmi ceux qui s'honorèrent à des titres divers dans la défense du territoire, les Postes et les Télé-

graphes fournirent leur contingent d'héroïsme, et
sous la haute direction de M. Rampont et de M.
Steenackers, une importante phalange de fonctionnaires de toutes catégories se dévoua chaque jour,
soit pour assurer les communications entre les
villes assiégées, ainsi que les départements envahis
et le reste de la France, soit pour faire communiquer
entr'elles les différentes fractions des armées en campagne, ou encore pour fournir au Gouvernement
les renseignements sur la marche et les positions
de l'ennemi, dont il avait besoin pour organiser
la résistance.

Les employés des Postes et des Télégraphes ne
s'en tinrent pas toujours aux devoirs de leur mission spéciale, et en plus d'une circonstance, ils prirent rang parmi les combattants. Dans la défense
de Paris, particulièrement, ils tiennent un rang
honorable. Lorsqu'après l'investissement, par suite
de l'arrêt des moyens ordinaires de communication,
la diminution des correspondances qui en était
résultée ayant rendu disponibles un certain nombre
d'employés, M. Loiseau, sous-chef de bureau à
l'Administration centrale, songea d'organiser un
corps de volontaires. Cinq cents agents et sous-agents
environ répondirent à son appel. Le bataillon de
la Poste, qui fut le 111e de la Garde nationale, fit
son devoir aux avant-postes du fort d'Issy et au
combat de Buzenval.

Mais quel que soit l'intérêt qui s'y rattache, nous
n'entretiendrons pas le lecteur de faits de guerre,
et nous nous bornerons à dire un dernier mot sur
les efforts qui furent faits dans les départements

envahis, pour assurer, malgré l'ocupation prussienne
la distribution des correspondances ; sur les missions télégraphiques aux armées et sur les postes
d'observation qui fonctionnèrent à proximité des
lignes ennemies et même quelquefois en pleine invasion.

Toutefois, avant d'aller plus loin, il nous semble
qu'une courte biographie des deux hommes qui
eurent à diriger les deux services des Postes et des
Télégraphes dans ces moments difficiles ne sera
pas déplacée ici.

M. Rampont-Léchin (Germain), Directeur général des Postes, était né à Chablis (Yonne) en 1809.
Il suivit les cours de la Faculté de médecine de Paris.
Lorsqu'éclata la révolution de 1830, il fut un des
combattants qui renversèrent Charles X. Après
1834, il exerça la médecine dans l'Yonne et en 1848,
les électeurs de ce département l'envoyèrent siéger
à l'Assemblée Constituante où il figura parmi les
républicains modérés. Il ne fut pas réélu à l'Assemblée législative.

Après le coup d'Etat, les idées nettement républicaines de M. Rampont lui valurent les persécu-
tions du pouvoir. En 1866, il se représenta à la dé-
putation dans la première circonscription de l'Yonne
et ne fut pas élu. En 1869, il l'emporta cette fois sur
son concurrent au deuxième tour de scrutin. Il siégea
au corps législatif dans le groupe des députés républicains et vota contre le plébiscite et la déclaration
de guerre.

Après le 4 septembre, le Gouvernement de la Défense nationale lui confia le poste qu'occupait M.

Vandal à la Direction générale des Postes. L'organisation de la poste aérienne par ballon fut son œuvre. Il fut secondé par M. Chassinat, directeur de la Seine, et par M. Mottet, receveur principal.

Lors de l'établissement de la Commune, M. Rampont fit déménager dans une seule nuit tout le matériel postal et le fit transporter à Versailles.

Il faisait prendre à la tête des lignes de chemin de fer, tout autour de Paris, par des voitures postales, les courriers venant de la province, et les faisait conduire à Versailles où les Parisiens étaient autorisés à venir réclamer leurs correspondances.

Le 7 juin, il rentra dans Paris à la suite de l'armée et prit possession de l'Hotel des Postes, alors qu'on se battait encore autour des Halles Centrales.

Aux élections du 8 février 1871, il fut réélu député, M. Thiers le maintint en fonctions. Il fut destitué par le cabinet de Broglie, lorsque celui-ci prit le pouvoir.

M. Steenackers (François-Frédéric), né à Lisbonne, le 10 mars 1831, était belge par son père et français par sa mère. A l'âge de six ans il vint à Paris avec ses parents et en 1848 entra au lycée Louis le Grand où il fit d'excellentes études. Ayant de grandes aptitudes pour les lettres et les arts, il fut sculpteur et compositeur à ses heures. Dans un voyage en Italie M. Steenackers fréquenta l'atelier de Bartolini et exposa au Salon quelques œuvres qui furent remarquées. Il eut également des relations avec Meyerbeer et Rossini.

Il publia plusieurs ouvrages qui mirent en lumière ses qualités d'écrivain. En 1867, *L'Histoire des ordres de la Chevalerie et des distinctions honorifiques en France.* En 1868, *Agnès Sorel.* La même année, *L'Invasion de 1814 dans la Haute-Marne*, le signala aux électeurs de ce département. En 1869, il obtint ses lettres de naturalisation et fut élu député dans la deuxième circonscription de la Haute-Marne. Il siégea à l'opposition et ne tarda pas à se faire remarquer par ses réparties fines, spirituelles et parfois mordantes, sa parole ferme et bien accentuée, son timbre sonore.

La campagne qu'il mena contre le plébiscite le signala à l'attention de Gambetta qui le désigna au 4 septembre pour les fonctions de Directeur général des Télégraphes, en remplacement de M. de Vougy. Nous avons vu avec quelle activité prodigieuse il organisa les communications télégraphiques dans l'enceinte de Paris et quelle part il prit dans l'établissement de la poste par pigeons.

Aux élections de 1871, il ne fut pas réélu et dut donner sa démission le 21 février. Les Télégraphes perdaient en lui un administrateur actif et habile, la Chambre un républicain convaincu.

Rentré dans la vie privée, il publia en 1883, *Les Télégraphes et les Postes pendant la guerre de 1870-1871.* C'est l'histoire documentée de son administration. Nous y avons puisé pour notre ouvrage de nombreux et précieux renseignements. Il a également écrit en collaboration avec M. le Goff, son ancien secrétaire général, *L'Histoire de la Délégation à Tours et à Bordeaux.*

Ses rapports avec M. Rampont furent parfois tendus, notamment au sujet des dépêches micros-

copiques et des boules de MM. Delort, Robert et
Vonoven.

Ces petits dissentiments, presque inévitables
dans les grandes crises, ne sont point pour entamer
la réputation des deux administrateurs. A notre
avis, au contraire, ils ne font que mieux ressortir
encore leur ardent patriotisme, le sentiment profond
qu'ils avaient l'un de l'autre de leurs devoirs, le
souci de leur responsabilité en ces heures tragiques
de notre histoire.

*
* *

On n'aura pas de peine à se représenter dans quel
état de désorganisation se trouvaient les deux services des Postes et des Télégraphes lorsque M. Steenackers en prit la direction. Le premier soin des
Allemands quand ils arrivaient dans une localité,
était de s'emparer des bureaux de la Poste et du
Télégraphe. Ils décachetaient et lisaient les lettres
qui passaient entre leurs mains, dans le but d'y
recueillir des renseignements sur les mouvements
et les positions de nos troupes.

A mesure que la tache noire de l'invasion s'éten-
dait davantage, les trains ne circulaient plus que
sur une partie des lignes tous les jours plus res-
treinte. Il fallait à chaque instant modifier la direction
des courriers qui n'arrivaient à destination qu'après
de longs détours et un temps relativement considérable. Ainsi, par exemple, les lettres de Bordeaux
pour Lille ne mettaient pas moins de sept jours

pour effectuer le trajet. Elles allaient d'abord par
le chemin de fer jusqu'à Cherbourg ; dirigées sur
Southampton puis sur Londres, elles revenaient
ensuite par la ligne Londres–Douvres–Calais. En
outre, d'énormes quantités de lettres destinées aux
départements envahis restaient en souffrance dans
les bureaux.

Dans ces conditions, M. Steenackers comprit
qu'il fallait surtout provoquer l'initiative du personnel et lui accorder toute latitude d'agir dans
certaines circonstances sans l'intervention de la
Direction générale. A la date du 14 octobre, il adres-
sait aux directeurs et aux receveurs une circulaire
par laquelle il faisait appel aux sentiments de
patriotisme et d'initiative de chacun.

« Les devoirs rigoureux, disait-il, de l'adminis-
« tration des Postes et de l'administration des
« Télégraphes, sa sœur jumelle, sont toujours
« la discrétion et l'activité. Aujourd'hui la dis-
« crétion va être poussée jusqu'au scrupule, l'acti-
« vité jusqu'au dévouement, peut-être devront-
« elles, l'une et l'autre, arriver jusqu'à l'héroïsme.
« C'est que, en effet, nous ne sommes pas, vous
« le savez du reste, Messieurs, dans les temps ordi-
« naires. Il peut se présenter telles conjonctures où
« plusieurs d'entre nous soient transformés en sol-
« dats et exposés aux mêmes périls. Ce n'est pas
« seulement de l'activité que ceux-là auront à dé-
« ployer ; il leur faudra et le courage et le mépris
« de la vie. Je ne doute pas qu'ils ne puisent ces
« vertus nouvelles dans leur patriotisme.

« Je compte aussi sur une vertu, aussi difficile
« et plus rare, peut-être, dans notre pays, qui est
« l'esprit d'initiative .... Il faut que chacun s'in-
« génie à tirer le meilleur parti de lui-même et des
« choses ; il faut que tout ce qui peut gêner l'activité
« des transmissions, la rapidité des communications
« soit écarté. Nous sommes le mouvement et l'ac-
« tion ».

La parole du directeur général fut entendue et il
est certain que chacun eut à cœur de collaborer à la
défense nationale et d'atténuer dans la mesure du
possible, les conséquences qui résultaient de la présence de l'ennemi sur notre territoire.

Dans les départements envahis, chefs et subordon-
nés rivalisèrent de zèle et de dévouement pour maintenir, malgré l'occupation prussienne, les communications postales et télégraphiques avec le reste de la
France. C'est M. Dard, receveur à Magny-en-Vexin,
qui put réussir à garder secrètement au milieu de
l'invasion, les communications télégraphiques avec
l'ouest de la France. C'est M. Dufourneau (François),
receveur à Commercy qui sortait pendant la nuit
au milieu des sentinelles prussiennes pour recueillir
les correspondances. Il fut arrêté et emprisonné.
M. Miller, commis principal à Chaumont avait établi
dans sa maison un service postal clandestin. Il
conserva également les communications avec Langres
et les départements voisins. Lefébure (Jean-Baptiste),
commis à Saint-Germain-en-Laye fut condamné par
les autorités prussiennes à la prison pour avoir organisé en secret un service postal.

Parmi les sous-agents citons : MM. Munérot (Ferdinand-François), Lécorché (Amédée-Auguste) et Pierre, tous trois convoyeurs à Troyes qui transportèrent leurs dépêches à travers les lignes prussiennes. Guion (Louis-Adolphe) et Guion (Cyprien), facteurs à Varize (Eure-et-Loire) qui se rendaient en pleines lignes ennemies au devant des courriers et échangeaient les correspondances. Bullet (Alphonse), facteur à Danville (Eure) qui, pendant l'occupation de cette ville, échangeaient les correspondances avec les facteurs d'Evreux. Burel (Claude-Victor), facteur de ville à Chaumont, Picart et Demongeot, facteurs ruraux, également à Chaumont furent punis de prison pour avoir distribué en secret des lettres. Stœzel (Antoine) facteur rural à Molsheim (Bas-Rhin) fut condamné à six jours de prison pour les mêmes motifs. Girardot (Pierre-Joseph) facteur aux Planches (Jura) refusa héroïquement de fournir des renseignements à l'ennemi et de lui servir de guide. Il fut criblé de blessures (1).

Cette liste est loin d'être complète et nous en oublions qui mériteraient d'y figurer. La plupart de ces braves ont reçu des médailles d'honneur et lorsqu'en 1882, M. Cochery, institua une médaille en faveur des sous-agents ayant fait preuve de dévouement dans le service, les employés de 1870 figurèrent les premiers sur les listes des récompenses. Plus de cinq cents reçurent la médaille d'honneur des Postes.

Dès son arrivée à Tours, M. Steenackers se préoccupa des moyens de renseigner le Gouvernement sur

_____

(1) D'après des documents de la bibliothèque de l'Administration centrale des Postes et Télégraphes.

tous les faits et gestes des Prussiens ; dans ce but il créa les postes d'observations.

Ces postes devaient transmettre deux fois par jour à heure fixe et plus souvent s'il était nécessaire, tous les renseignements qu'ils avaient pu recueillir sur la marche, les positions, la composition des troupes ennemies. Pour atteindre ce but, il fallait le plus souvent opérer au milieu des Prussiens et ne se replier que lorsque la situation devenait intenable, où que les communications avaient été coupées.

Parmi les fonctionnaires intelligents et courageux qui se dévouèrent dans les postes d'observation, signalons M. Fribourg, directeur des transmissions, faisant fonctions d'inspecteur, qui, à No-gent, put conserver pendant deux jours ses communications avec le Mans, malgré la présence des Prussiens. Il se rendit ensuite à Chartres également occupé par l'ennemi, et pendant plusieurs jours y recueillit d'importants renseignements. Il réussit même à couper les communications télégraphiques allemandes entre Chartres et Versailles. M. Morris, directeur des transmissions, chargé des fonctions de sous-inspecteur dans la Sarthe, qui rétablit, en courant les plus grands dangers, des lignes détruites par les Prussiens. Cadiou, qui occupa un poste des plus périlleux et se distingua à la défense de Châteaudun.

Citons encore : Estienne Perrault, Manaut, Bertier. Sobardans, Gimbeau, Bonnau, Curel, Lemerdeley, Delmas, etc., qui se signalèrent par leur courage, leur habileté et fournirent des renseignements importants Ils ont reçu comme récompense, les uns la médaille militaire, les autres la croix de la Légion d'honneur.

10

Le service de la télégraphie aux armées avait pour but de faire communiquer le quartier général avec les différentes fractions de l'armée aux moyens de lignes provisoires, quand il n'en existait pas pouvant être utilisées ; et avec le Gouvernement par la ligne permanente la plus voisine.

Lorsque le directeur général des Télégraphes et des Postes fit appel au personnel, les demandes affluèrent de toutes parts, et il n'eut que l'embarras du choix ; mais ce fut une autre affaire pour se procurer le matériel. Il fallait, en effet, du fil de campagne en quantité assez grande, des appareils portatifs et des voitures propres à l'établissement des lignes. M. Steenackers télégraphia dans les dépôts du génie ; mais on lui répondit que tout le matériel télégraphique avait été expédié sur Metz au début de la guerre. Il envoya alors en Angleterre M. Abel Guyot, sous-inspecteur des lignes télégraphiques au Hâvre, afin d'y acheter le fil nécessaire. M. Berthot, inspecteur se rendit en Suisse, avec la mission d'y acheter des appareils Morse de campagne.

Les communications avec l'Angleterre n'ayant pas été interrompues par la guerre, il fut assez facile à M. Guyot de se procurer du fil télégraphique ; mais il n'en fut pas ainsi pour M. Berthot. Le Gouvernement helvétique considérant les appareils télégraphiques comme engins de guerre, refusa de les laisser sortir et M. Berthot fut obligé de s'adresser à des contrebandiers pour leur faire passer la frontière.

Pendant ce temps, M. Steenackers faisait réquisitionner toutes les voitures propres à être utilisées pour la télégraphie en campagne, et jusqu'à des vieilles diligences. Des bobines à dévider le fil furent disposées à l'impériale et l'intérieur aménagé pour le transport du matériel et du personnel.

Des missions télégraphiques furent envoyées dans les différentes armées. Partout elles rendirent de grands services et méritèrent l'éloge des généraux.

Nous ne saurions omettre de parler de la mission spéciale qui fut confiée à M. Lemercier de Jauvelle et des services importants que ce dernier rendit à la cause de la défense.

Ainsi que nous l'avons vu au chapitre III. il avait d'abord été chargé par M. Steenackers de relier le câble de Fontainebleau à la ligne de la voie ferrée ; mais par suite de la rupture du câble, cette opération étant impossible, il dut l'abandonner. Toutefois, il profita de sa présence au milieu des ennemis pour recueillir sur eux tous les renseignements pouvant être utiles à la défense. C'est ainsi que le 17 novembre, il expédia à Montargis une longue dépêche donnant des renseignements complets sur la marche et la composition des troupes allemandes. Il informait également le ministre de la Guerre de l'arrivée prochaine à Orléans d'un renfort de 50.000 hommes de toutes armes.

Rentré à Tours, M. Lemercier de Jauvelle sollicita du ministre de la Guerre et du directeur général des Télégraphes et des Postes, la mission d'interrompre les communications des Prussiens entre leurs armées de Paris et de la Loire.

Dans un passage de son rapport sur le résultat de cette mission, il s'exprime ainsi :

« Arrivés à Montargis le 30 novembre 1870, nous
« prîmes des laisser-passer français pour nous rendre
« à Arpajon. M. de Jauvelle sous le nom de Mercier,
« instituteur, seule profession qui l'exemptât du ser-
« vice militaire, M. de la Roche, sous le nom d'un
« Italien.

« Nous quittâmes Montargis le 1er décembre, et
« nous fûmes arrêtés à Fontenay-sur-Loing par
« quelques fantassins et par un peloton de 15 cava-
« liers. Relâchés trois heures après, nous fûmes arrê-
« tés encore deux fois entre Souppes et Fontenay-
« sur-Loing. Nous arrivâmes enfin à Souppes peu
« avant la première subdivision de la 20e division
« militaire (composée des 12e et 21e d'infanterie, de
« 1.200 cavaliers et d'une batterie d'artillerie).
« Le général descendit dans l'auberge où nous
« venions de cacher cheval et voiture, et ordonna
« bientôt de nous arrêter. Interrogés par ce général
« et brutalisés par lui, sinon en action du moins
« en paroles, nous fûmes conduits, entourés de 25
« soldats, au poste situé dans l'école des sœurs.

« Là, nous fûmes interrogés de nouveau, fouillés
« des pieds à la tête ; heureusement que j'avais
« enlevé ma commission de la doublure de mon
« paletot et l'avais cachée dans l'office en arrivant
« à l'auberge. M. de la Roche avait sur un petit
« carré de toile une commission de la Guerre, et
« dans un tuyau de paille ayant à ses deux extrê-
« mités deux petits morceaux de mine de plomb,
« il avait placé sa photographie, revêtue du cachet
« de la Guerre et du cabinet du Ministre. L'officier
« chargé de nous interroger une seconde fois écrivit

« avec ce porte-crayon nos réponses ; s'il avait
« pressé la paille, la photographie devenait visible,
« et nous n'avions plus que quelques instants à
« vivre ; heureusement que cette effroyable anxiété
« prit fin, et qu'il rendit le terrible porte-crayon
« à M. de la Roche.

« Nous restâmes sans nourriture depuis une heure
« du soir jusqu'au lendemain soir à cinq heures.

« Le 2 décembre au matin, nous dûmes suivre la
« colonne prussienne et assister à l'exécution d'un
« franc-tireur ; nous traversâmes Château-Landon,
« forcés de répondre aux nombreuses questions
« du major qui commandait ; enfin, près de Beaune-
« la-Rolande, nous fûmes conduits dans un champ
« avec une escorte, et ce ne fut que deux heures
« après, que le major revint nous dire que nous
« pouvions partir, mais seulement du côté de
« Nemours.

« Rentrés à Souppes, nous ne trouvâmes plus
« notre cheval ; les Prussiens avaient eu soin de le
« voler.

« Malgré ce terrible début, nous nous mîmes immé-
« diatement en route, et nous arrivâmes le lendemain
« à Marlotte, commune de Bourdon.

« Le 3 décembre, après avoir pris quelques rensei-
« gnements près de M. Gouin, maire de Fontaine-
« bleau, et Petit, secrétaire de la sous-préfecture,
« nous nous dirigeâmes vers Moret, pour tenter notre
« première opération.

« Quelques mots d'explication sont ici néces-
« saires. La première occupation des uhlans, en
« arrivant près d'une voie ferrée, était de briser

« les fils télégraphiques ; mais aussitôt qu'un déta-
« chement ennemi d'une certaine importance arri-
« vait, on rétablissait immédiatement un, deux
« ou trois fils, suivant les besoins du moment.
« Il était à peu près impossible de savoir quels
« étaient les fils rétablis par l'ennemi. Aussi nous
« nous décidâmes à faire un mélange de tous les
« fils du poteau, nous avions à cet effet du fil de
« cuivre ou de platine très fin, que nous entourions
« successivement autour de chaque fil et du poteau,
« et comme certains fils étaient toujours brisés ;
« à une distance plus ou moins grande, nous avions
« non seulement un mélange, mais encore une
« communication à la terre. Nous devions monter
« sur les poteaux et y rester plus ou moins longtemps
« suivant le nombre des fils.
« M. Labois, peintre-vitrier à Fontainebleau,
« nous servait de guide dans la forêt, et voulut bien
« en même temps nous aider. Nous fîmes à environ
« un kilomètre du tunnel de Chanzy un mélange
« sur les 21 fils de la ligne ».

On comprend que ces opérations ne se faisaient
pas sans danger ni sans difficultés. Les patrouilles
ennemies, le passage des convois et des troupes
vinrent souvent déranger les hardis opérateurs qui
n'atteignaient le but qu'au prix des plus grands
périls.

L'interruption de leurs communications excita la
fureur des Prussiens, qui firent apposer des placards
menaçant de la peine de mort quiconque toucherait
aux fils télégraphiques. En outre la ville d'Etampes

fut condamnée à payer une amende de 150.000 fr.
pour interruption du service télégraphique. C'est
ainsi que M. Lemercier de Jauvelle put constater
le préjudice qu'il avait causé à l'ennemi, aussi les
menaces, loin d'atteindre leur but, ne firent que
stimuler encore en lui le désir de persister dans sa
périlleuse mission.

Du 4 au 9 décembre, il réussit à mélanger 58 fils
utilisés par les Prussiens, qui avaient ensuite beaucoup de peine à rétablir leurs communications, car
il fallait examiner attentivement tous les poteaux
pour découvrir l'endroit où avait été opéré le
mélange.

Dans une seconde mission, M. Lemercier de Jauvelle
fut chargé d'aller interrompre les communications
télégraphiques prussiennes entre leurs armées de
Paris et celles de Rouen et d'Amiens. Il fut accompagné de M. Porion, employé au secrétariat général
des Postes et Télégraphes.

Partis de Bordeaux le 25 décembre, ils arrivèrent
le 27 à Dreux, où se trouvait une garnison prussienne. Dès le 28, ils coupèrent les communications
entre cette ville et Rouen.

Le rapport de M. Lemercier de Jauvelle serait en
entier à citer, nous nous bornerons à dire que jusqu'à la signature de l'armistice, avec l'aide de M.
Porion, il opéra avec un courage et une persévérance
au-dessus de tout éloge, et réussit à créer aux ennemis de sérieuses difficultés.

Par décret du 26 février 1871, il était nommé
chevalier de la Légion d'Honneur et M. Porion rece-
vait la médaille militaire.

**

A côté des hommes qui se dévouèrent pendant cette guerre malheureuse, certaines dames employées montrèrent un courage égal et un égal dévouement. Nous avons déjà prononcé le nom de Mme Duval, receveuse du bureau de Triel, qui, pendant le siège de Paris, s'est efforcée de faciliter aux courriers à pied leur entrée dans la capitale et recueillait les dépêches qu'ils lui apportaient.

Mlle Weck, receveuse à Schlestadt (Bas-Rhin), se fit remarquer par son courage pendant le bombardement de la ville. Elle a reçu la croix de la Légion d'Honneur.

Mlle Lix (Antoinette) dite Tony, née à Colmar, le 31 mai 1839, était fille d'un ancien officier de Charles X. Orpheline de mère dès son jeune âge, son père s'attacha à lui donner une éducation virile. A l'âge de douze ans ses jeux étaient de faire de l'escrime et de monter à cheval. Le côté intellectuel ne fut pas pour cela négligé, et elle apprit l'anglais et l'allemand.

A dix-sept-ans, elle fut appelée en Pologne, par la comtesse de L... qui lui confia l'éducation de sa nièce. C'est là, qu'en 1863, pendant la guerre de l'indépendance, elle reçut le baptême du feu. Un ami du comte de L..., le général Boneza, chef de partisans allait être surpris par les Russes avec son détachement ; Mlle Lix s'habille en homme, monte à cheval et court prévenir le général Boncza. Mais celui-ci lutte en vain à la tête de ses troupes et tombe bientôt dans la mêlée. C'est alors que Mlle Lix, rallie les soldats que la panique a saisis, ranime leur courage, et à leur tête repousse l'ennemi.

Après ce brillant fait d'armes, elle fut nommée au grade de lieutenant et continua la campagne sous le nom de Michaël le Sombre. Les soldats qu'elle commandait ignoraient son sexe ; mais ayant reçu un coup de lance en pleine poitrine, la sœur de charité qui lui donnait des soins la reconnut.

Lorsqu'elle revint en France, en 1856, une épidémie de choléra sévissait dans le Nord. Sans souci du danger, elle s'y rendit et prodigua des soins aux malades. C'est alors qu'elle fut nommée receveuse à Lamarche.

En 1870, à la vue de son pays envahi, elle ne put se résigner à l'inaction et s'engagea dans les francs-tireurs vosgiens. Elle prit part au combat de Bourgonce-Nompatelise. Pendant toute la campagne, elle stimula par son exemple le courage des soldats et se consacra au soin des blessés.

Mlle Lix a reçu la médaille d'or de première classe le 28 janvier 1872, ainsi que la croix des ambulances. Les dames alsaciennes lui ont offert une épée d'honneur d'un travail remarquable. Nous ne savons pas, si depuis, elle a reçu une récompense plus digne de sa valeur ; mais nous estimons que la croix de la Légion d'Honneur ne serait pas déplacée sur sa poitrine.

Pour finir, nous citerons l'admirable conduite de Mlle Dodu, dont le courage et l'intelligence ont rendu le nom populaire.

Mlle Dodu (Lucie-Juliette), naquit à l'île de la Réunion en 1850. Son père, chirurgien de la marine, ainsi que ses deux frères, également officiers de marine, étaient mort dans le service à la mer. Elle secondait sa mère dans son emploi de receveuse du bureau de Pithiviers. M. Steenackers lui confia le poste d'observation établi dans cette ville.

A plusieurs reprises, par suite de la présence des Prussiens, elle fut obligée de cacher ses appareils, quitte à rétablir les communications aussitôt après leur départ.

Mais bientôt le prince Frédéric-Charles vint occuper Pithiviers avec son corps d'armée. Suivant leurs habitudes, les Prussiens s'emparèrent du bureau télégraphique afin de l'utiliser pour leurs communications. Mlle Juliette Dodu fut reléguée avec sa mère dans une chambre du second étage et surveillée.

Elle avait eu, toutefois, le soin de cacher un appareil Morse qu'elle comptait bien utiliser. En effet, le fil qui faisait communiquer Pithiviers avec Orléans passait à proximité de sa fenêtre. Elle prit la résolution de relier à ce fil son appareil et de capter ainsi au passage les dépêches des Prussiens. Ce parti présentait de grands dangers, et Mlle Dodu n'ignorait pas que, si elle était prise, elle pouvait attendre le pire châtiment. La perspective d'être fusillée n'empêcha pas la courageuse jeune fille de réaliser son projet.

Parmi les dépêches qu'elle recueillit, il en était une qui contenait un plan conçu dans le but de cerner la brigade française du général Maurandy, qui se trouvait à Gien. Mlle Dodu put faire parvenir au

sous-préfet de cette ville une copie de la dépêche.
Le sous-préfet, à son tour, l'envoya au général
d'Aurelles de Paladine qui donna aussitôt l'ordre
de faire sauter le pont de Gien, et par cette mesure
déjoua le plan des Prussiens.

Ici encore, à côté du dévouement sans bornes,
nous trouvons la trahison. Une indigne servante
dénonça Mlle Dodu, qui fut arrêtée et condamnée
à mort par ordre du commandant de la place.

Cependant tant de courage chez une jeune fille
devait imposer le respect et l'admiration au général
prussien lui-même. Le prince Frédéric-Charles n'osa
pas faire exécuter la sentence. Il demanda à voir
Mlle Dodu, la félicita de son courage, lui accorda
sa grâce, mais la retint prisonnière.

Il fit mieux encore, et quelques jours après, il lui
envoya un émissaire chargé de lui offrir un poste
important dans les télégraphes allemands. Mlle Dodu
regarda dédaigneusement le messager et répondit
simplement. « Dites au prince Frédéric-Charles que
« je suis Française ».

C'est sur cette noble réponse, à laquelle le sexe
et la jeunesse de celle qui la prononçât ajoutent
encore à la grandeur, que nous voulons clore cet ouvrage. Disons seulement que la médaille militaire qui
lui fut décernée en 1877, et la croix de la Légion
d'Honneur en 1878, furent les récompenses méritées
de l'héroïne de Pithiviers.

TABLE DES MATIÈRES

Imp. E. Rubat du Mérac, Lons-le-Saunier

RED. :

16

0 1 2 3 4 5 6 7 8 9 10